Perlenspaß

für kreative Kids

Kinderwerkstatt

Inhaltsverzeichnis

GRUND-

Grundanleitung

Grundanleitung Weben

Das brauchst du:

- Perlenwebrahmen
- Perlennadel
- Rocailles in verschiedenen Farben und Größen
- Holzperlen, in verschiedenen Farben, ø 0,4 mm
- Nähgarn in verschiedenen Farben
- Perlonfaden
- Schere
- Kettenverschlüsse
- UHU Kraft transparent
- Klebefilm

Und so geht's:

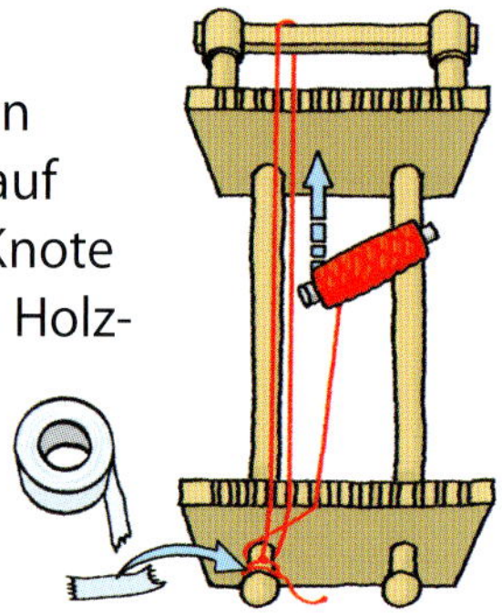

1. Zuerst bestückst du deinen Webrahmen mit Kettfäden, auf denen später gewebt wird. Knote dafür das Nähgarn an einem Holzköpfchen fest und sichere das Garnende mit etwas Klebefilm. Führe das Nähgarn durch die gewünschte Kerbe des Webrahmens bis zur entsprechenden Kerbe auf der anderen Seite. Nun wickelst du den Faden um das Querhölzchen.
Dann spannst du den Faden durch die benachbarte Kerbe wieder zurück und wickelst ihn um das Holzknöpfchen. Leg den Faden um das Querhölzchen und führe ihn wieder zurück zu den Holzknöpfen. Wiederhole diesen Vorgang bis du die gewünschte Anzahl von Kettfäden gespannt hast.

2. Achte dabei darauf, dass du immer einen Kettfaden mehr brauchst als du Perlen pro Reihe webst. Ist dein Armband z. B. 6 Perlen breit, brauchst du zum Weben 7 Kettfäden. Die Kettfäden sollten immer straff gespannt sein.

3. Das Fadenende wickelst du mehrmals um einen der Holzknöpfe und klebst es mit Klebefilm am Webrahmen fest. Du kannst auch über die Kerben Klebefilm kleben, damit die Fäden nicht herausrutschen.

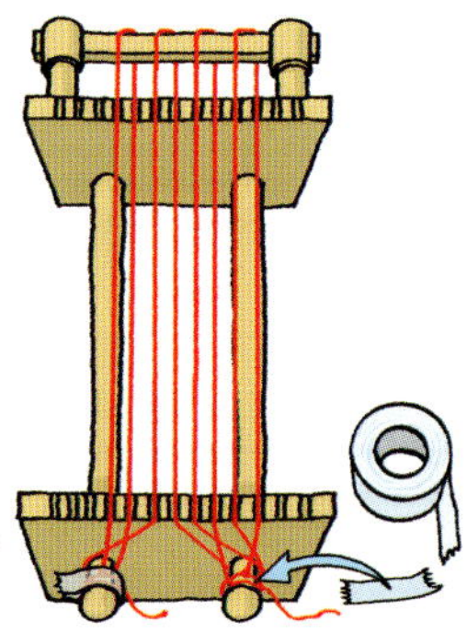

ANLEITUNG

Perlonfaden
Fil perlon
Nylonthread
Nylondraad
Filo nailon
Rayher
55 m
0,30 mm ø
UHU
ALLESKLEBER
Kraft
42g
trans-
parent
CLEAN TUBE

4. Das Querhölzchen sollte beim Weben immer auf dich gerichtet sein, damit der Schussfaden – mit dem du später webst – nicht an den Holzknöpfen hängen bleibt.

5. Befestige einen ca. 75 cm langen Faden (Nähgarn oder Perlonfaden), den Schussfaden mit mehreren Knoten am äußeren linken Kettfaden. Ziehe das Fadenende durch eine feine Perlennadel.

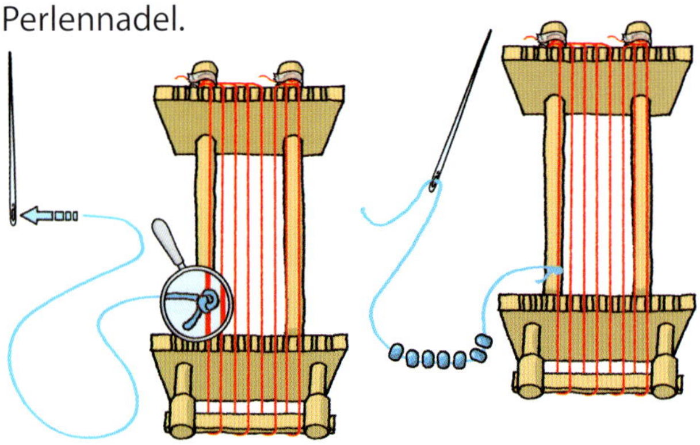

6. Webe immer von unten (Querhölzchen) nach oben (Holzknöpfe). Fädle so viele Perlen für die 1. Reihe auf wie du auf der Zählvorlage sehen kannst. Lege sie von links nach rechts unter die Kettfäden.

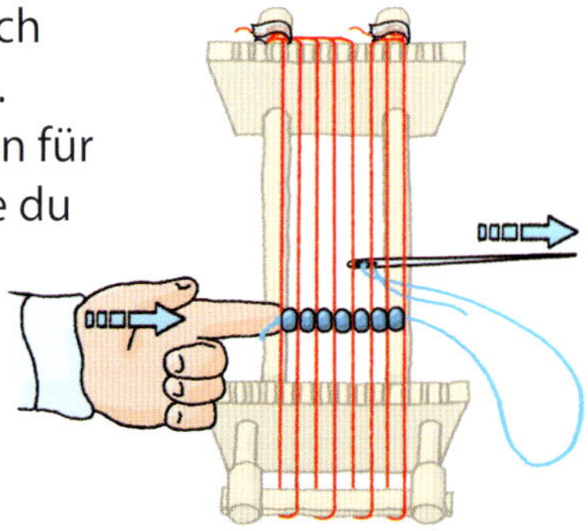

Dann drückst du die Perlen einzeln zwischen die Kettfäden. Anschließend führst du die Nadel mit dem Faden von rechts nach links oberhalb der Kettfäden durch die Perlen. Ziehe den Faden immer gut fest und schiebe die einzelnen Reihen eng zusammen. Webe die Reihen genau nach der Zählvorlage.

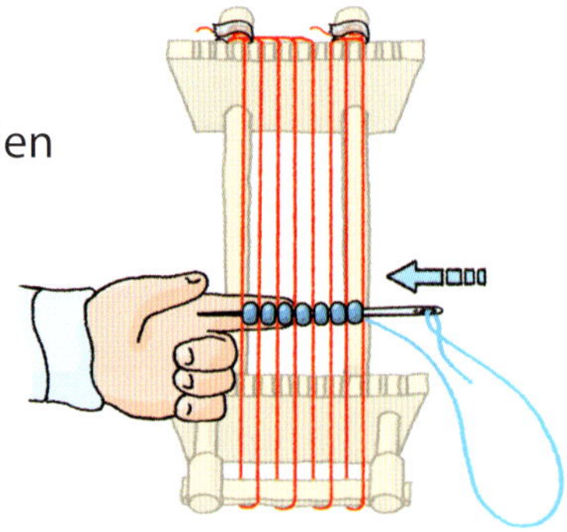

7. Den Schussfaden vernähst du, indem du ihn einige Perlenreihen zurückfädelst und dann abschneidest. Geht der Schussfaden während des Webens zu Ende, führst du ihn auch durch die vorigen Perlenreihen zurück und kürzt ihn dann. Den neuen Schussfaden knotest du an der linken Seite der Kettfäden fest. Du kannst ihn auch mit einem Knoten versehen und nochmals durch die zuletzt gewebten Reihen führen und dann mit der nächsten Reihe weiterweben.

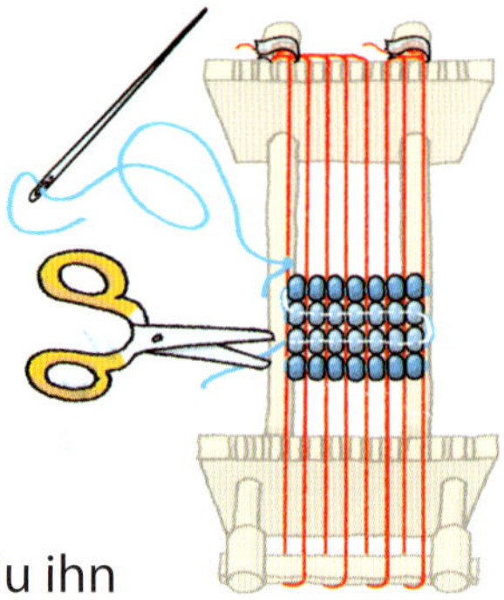

8. Hast du nach der Zählvorlage alle Perlenreihen gewebt, nimmst du das Gewebte vom Rahmen. Löse dazu die Kettfäden auf beiden Seiten und verknote die benachbarten Fäden miteinander. Zum Schluss verzierst du die Fade-

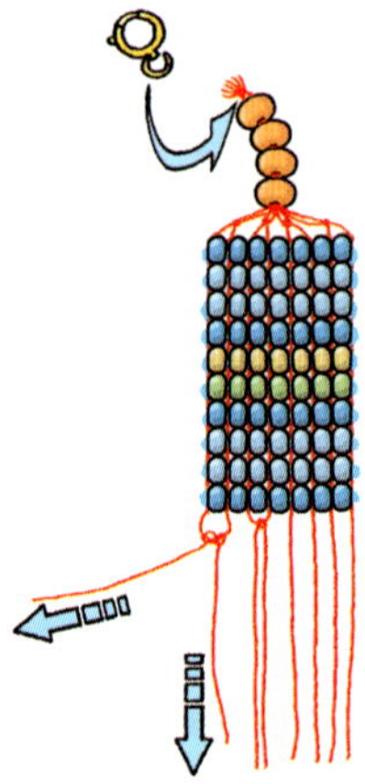

nenden mit Perlen und knotest die Verschlüsse an. Wenn du willst, kannst du noch mal alle Knoten mit einem Tropfen Klebstoff sichern.

TIPP

Um das Schmuckstück haltbarer zu machen, kannst du auch Sternchengarn verwenden oder die äußeren Kettfäden doppelt spannen. Es ist auch möglich, die Kettfäden mit Wolle zu spannen. Wenn du die Wollfäden vom Rahmen genommen hast, kannst du sie unterteilen und kleine Zöpfe flechten.

Grundanleitung Perlenfiguren

Das brauchst du:

- **Spezial-Perlenfädeldraht, ø 0,3 mm**
- **Rocailles in verschiedenen Größen und Farben**
- **Pinzette**
- **Seitenschneider**
- **Zange**

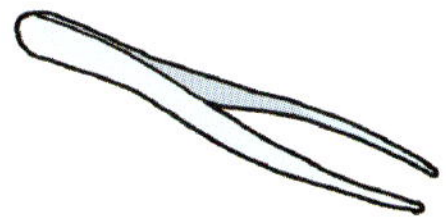

Und so geht's:

Rocailles auf Draht aufziehen

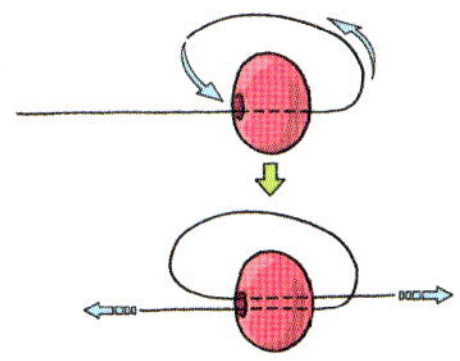

1. Fixiere die 1. Perlenreihe auf dem Spezial-Perlenfädeldraht. Dazu ziehst du die 1. Perlenreihe (oder die erste Perle) auf den Draht auf und schiebst sie in die Mitte. Nun nimmst du das Drahtende, das links herausschaut und fädelst es nochmals von rechts nach links durch, sodass sich die Drähte kreuzen. Die 1. Perlenreihe ist jetzt fixiert und kann nicht mehr verrutschen.

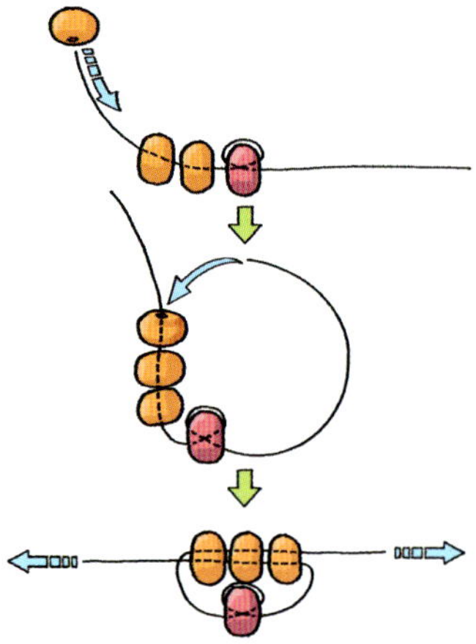

2. Nun fädelst du die 2. Perlenreihe. Zieh die Perlen nach der Zählvorlage auf das rechte Drahtende auf und ziehe das linke Drahtende entgegengesetzt durch die Perlen hindurch. So kann auch die 2. Perlenreihe nicht mehr verrutschen. Die folgenden Perlenreihen arbeitest du genauso. Lege die einzelnen Reihen dabei flach aneinander und achte drauf, dass sie möglichst gerade sind.

Sichern der Drahtenden

Es gibt 3 verschiedene Möglichkeiten, um die Drahtenden zu verarbeiten.

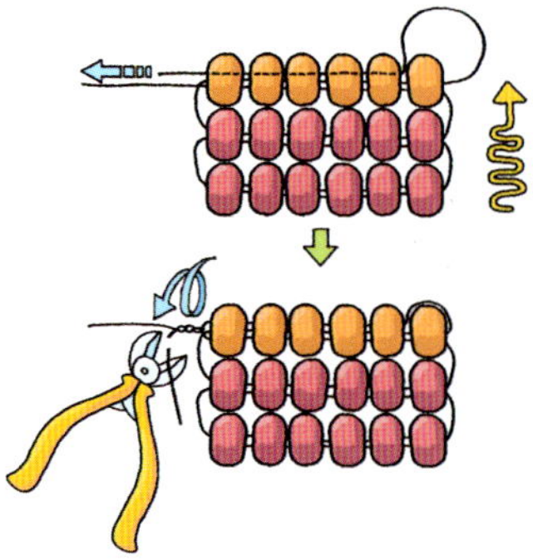

1. Endet deine Fädelarbeit mit einer breiten Perlenreihe, so ist es am besten, wenn du das rechte Drahtende nochmals durch die letzte Perlenreihe ziehst. Überspringe dabei die 1. Perle am Rand. Nun sind beide Drahtenden auf der linken Seite. Jetzt kannst du die Drahtenden miteinander verdrehen und mit dem Seitenschneider abschneiden.

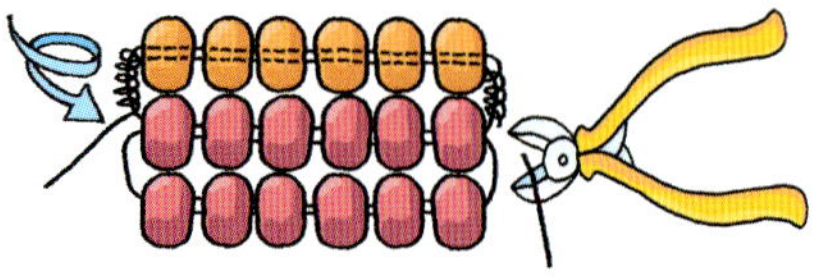

2. Wenn du z. B. die Füße einer Figur mit den überstehenden Drahtenden des Körpers fädelst, ist es am besten, wenn du die Drahtenden anschließend einzeln sicherst. Dazu fädelst du die Drahtenden auf der jeweiligen Seite mehrmals durch die letzte seitliche Drahtschlaufe des Körpers und schneidest sie dann mit dem Seitenschneider ab. Du kannst so auch nur 2 cm lange Drahtenden sichern.

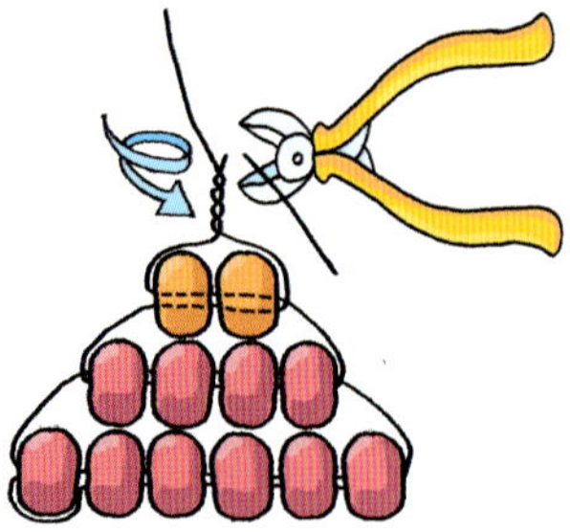

3. Endet deine Fädelarbeit mit einer sehr kurzen Perlenreihe oder nur mit einer einzelnen Perle – z. B. bei Armen oder Händen – so kannst du die Drahtenden einfach zusammenführen, miteinander verdrehen und anschließend mit dem Seitenschneider abschneiden.

TIPP

Achte darauf, dass der Draht keine Schlaufen bildet. Daraus entstehen beim Anziehen des Drahtes Knicke, an denen der Draht dann leicht brechen kann.

Grundanleitung für Bügelperlenarbeiten

Das brauchst du:

- **Bügelperlen**
- **Steckplatten für Bügelperlen in verschieden Formen und Größen**
- **Back- oder Butterbrotpapier**
- **Bügeleisen**

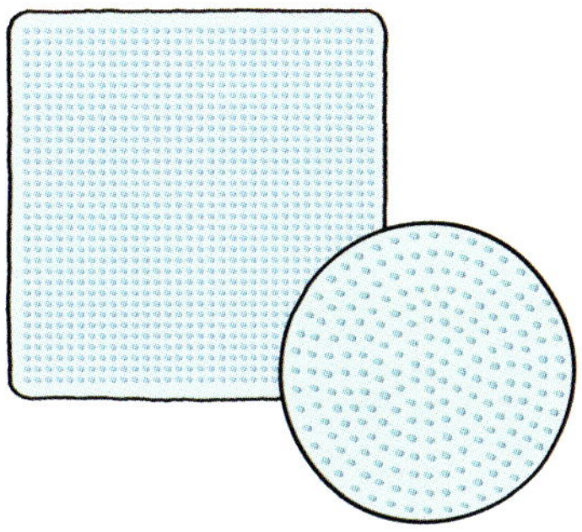

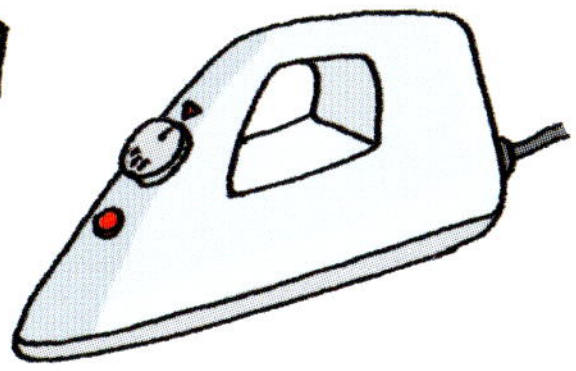

Und so geht's:

1. Stecke die Bügelperlen gemäß der Vorlage auf die Steckplatte.

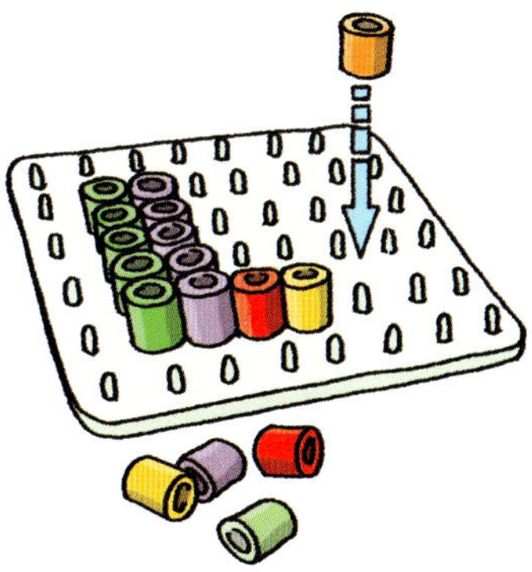

2. Nun legst du Butterbrotpapier oder Backpapier auf dein Steckmotiv.

3. Danach bügelst du mit dem Bügeleisen bei niedrigster Temperatur gleichmäßig über die Perlen bzw. das Backpapier. Bügle solange, bis die Perlen unter dem Papier verschmolzen sind – das kannst du durch das dünne Papier recht gut erkennen.

4. Stelle das Bügeleisen wieder aus und drehe dann die Steckplatte mit dem Papier um, sodass die Steckplatte oben und das Papier unten liegt, so wird dein Motiv nicht wellig.

Lass dein Steckmotiv auskühlen (Vorsicht, die Perlen sind jetzt sehr heiß!) und löse es anschließend vorsichtig von der Platte.

Schmuck

GEWEBTER

Blumenarmband

1 Spanne mit dem roten Nähgarn 10 Kettfäden auf den Perlenwebrahmen.

2 Das Blumenmuster nach Zählvorlage weben. An der Spitze mit einer Perle beginnen. Hierfür einen 50 cm langen Faden an dem 5. Kettfaden festknoten, eine rote Perle auffädeln und von unten zwischen den 5. und 6. Kettfaden drücken. Den Schussfaden um den 6. Kettfaden herumlegen und ihn durch die Perle zurückführen. 3 rote Perlen aufziehen und von unten zwischen den 4., 5., 6. und 7. Kettfaden drücken. Den Faden wieder durch die Perlen zurückziehen. Dann 5 rote Perlen auffädeln, von unten zwischen die entsprechenden Kettfäden drücken und den Faden durch die Perlen zurückziehen. Nach Zählvorlage fortfahren.

3 Hast du deine Fädelarbeit beendet, nimmst du das Gewebte vom Rahmen, indem du auf beiden Seiten die Kettfäden löst.

4 Anschließend vernähst du an beiden Armband-Enden die äußeren 4 Kettfäden.

5 Auf die übrigen Fäden ziehst du je 3 gelbe Holzperlen auf und knotest schließlich noch einen Federring und einen Spaltring als Verschluss an.

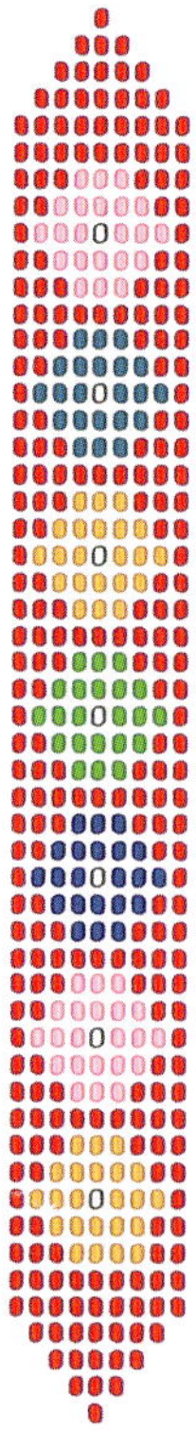

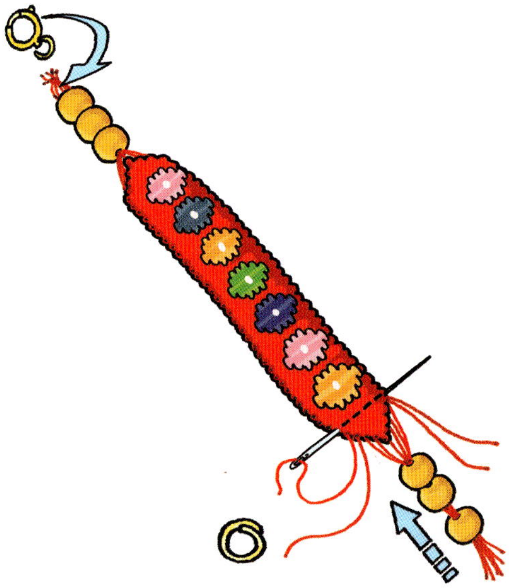

- Perlenwebrahmen
- Rocailles in Rot opak, Rosa opak, Gelb opak, Hellgrün opak, Dunkelblau opak, Weiß opak, ø 2,2 mm
- 6 Holzperlen in Gelb, ø 4 mm
- Nähgarn in Rot
- Federring mit Spaltring in Silber, ø 7 mm

Buntes Armband

1 Zuerst spannst du mit dem weißen Nähgarn 6 Kettfäden auf den Rahmen und webst anschließend das Armband-Muster wie du es auf der Zählvorlage siehst.

2 Löse die Kettfäden und nimm das Gewebte vom Rahmen. Die Fäden an beiden Armband-Enden in 2 Fadenstränge teilen. An dem rosafarbenen Ende auf jeden Fadenstrang 3 rosa Holzperlen aufziehen. Die Fäden wieder zu einem Strang zusammennehmen und über alle nochmals 3 rosa Holzperlen ziehen. Den anderen Fadenstrang genauso mit hellblauen Holzperlen verzieren.

3 Knote zum Schluss den Federring als Verschluss an.

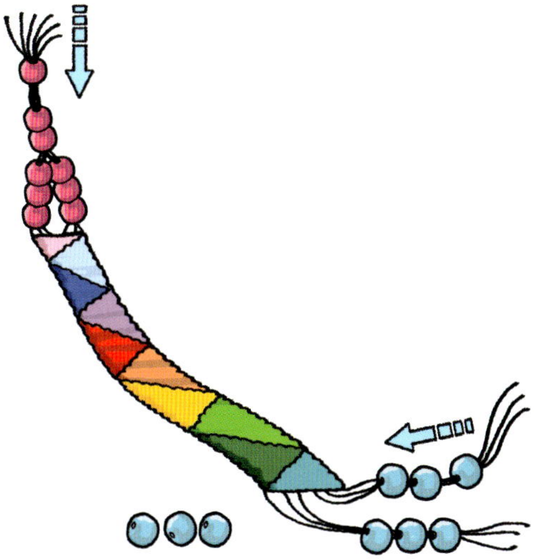

- Perlenwebrahmen
- Rocailles in Rosa opak, Hellblau opak, Dunkelblau opak, Lila opak, Rot opak, Orange opak, Gelb opak, Grün opak, Dunkelgrün opak, Türkis opak, ø 2,2 mm
- Je 9 Holzperlen in Rosa und Hellblau, ø 4 mm
- Nähgarn in Weiß
- Federring mit Spaltring in Silber, ø 7 mm

KLEINE

Kette

1 Schneide 60 cm Perlonfaden ab und fädele anschließend eine rote Perle auf. Fixiere die Perle bei 10 cm, indem du das Fadenende, das links herausschaut, noch mal von rechts nach links durchfädelst.

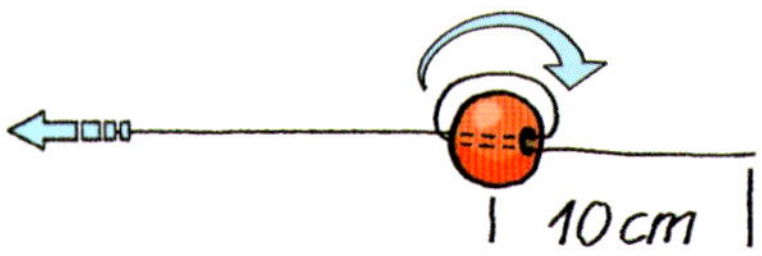

2 Ziehe nun weitere 25 rote Holzperlen auf.

3 Dann fädelst du eine grüne und eine Marienkäferperle auf. Diesen Vorgang wiederholst du noch zweimal. Es folgen noch eine grüne Holzperle und 26 rote Holzperlen. Fixiere die letzte Perle wie unter Punkt 1 beschrieben.

4 Nun musst du nur noch den Schmuckverschluss anknoten.

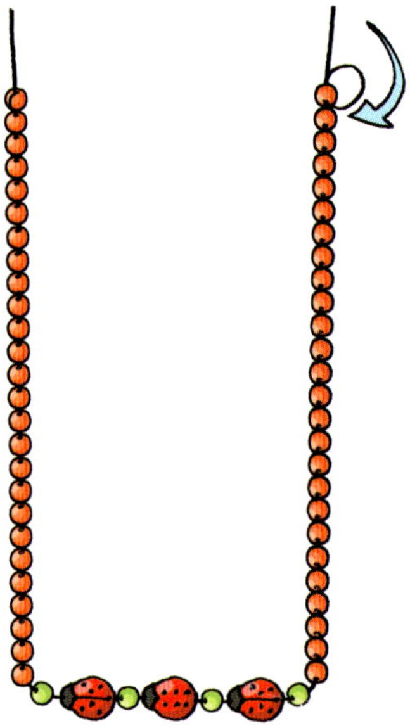

- 52 Holzperlen in Rot, ø 6 mm
- 4 Holzperlen in Hellgrün , ø 6 mm
- 3 Marienkäferperlen
- Perlonfaden, ø 0,3 mm
- Karabiner mit Spaltring in Silber

MARIENKÄFER

Armband

1 Ziehe 3 schwarze Rocailles auf und fixiere sie in der Mitte eines 50 cm langen Drahtes. Nun fädelst du nach der Vorlage den Marienkäfer. Verdrehe dann die Drahtenden und schneide sie ab.

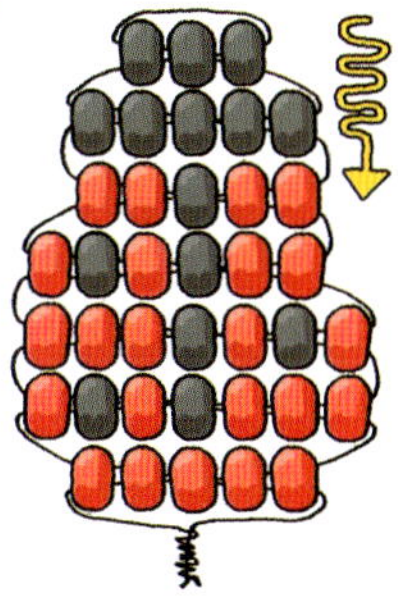

2 Für die Blümchen jeweils 12 cm Draht verwenden. 5 weiße Holzperlen auf das linke Drahtende führen und das rechte Ende von links nach rechts noch mal hindurchfädeln. Einen Kreis formen. Dann auf beide Drahtenden eine gelbe Perlen ziehen und diese in die Mitte des Kreises legen. Das eine Drahtende von rechts nach links und das andere von links nach rechts durch die gegenüberliegende weiße Holzperle fädeln. Die Drahtenden nicht abschneiden.

3 Ein Blümchen am Kopf des Käfers befestigen. Dazu ein Drahtende durch die mittlere Perle am Käferkopf ziehen. Die Dahtenden miteinander verdrehen und abschneiden. Das 2. Blümchen in gleicher Weise am hinteren Teil des Käfers befestigen.

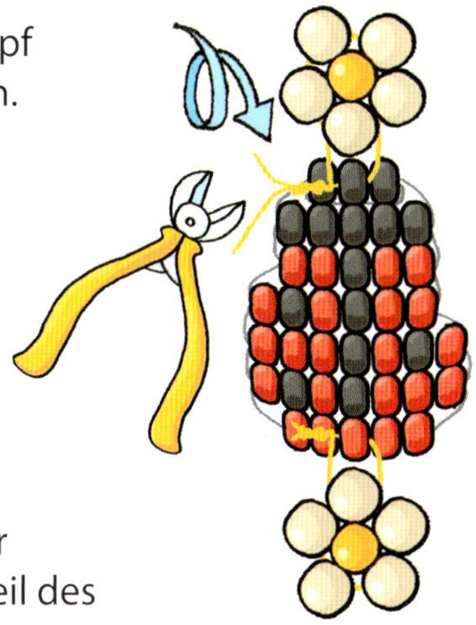

4 Führe bei beiden Blümchen je einen 20 cm langen Draht um die beiden Drähte unterhalb der gelben Holzperle. Nimm die Drahtenden zusammen, bringe sie auf gleiche Länge und fädele an jeder Seite 15 grüne Holzperlen auf. Dann befestigst du den Karabiner und den Spaltring.

- **Rocailles, in Schwarz opak und Rot opak, ø 2,5 mm**
- **10 Holzperlen in Weiß, ø 4 mm**
- **2 Holzperlen in Gelb, ø 4 mm**
- **30 Holzperlen in Hellgrün, ø 4 mm**
- **Spezial-Perlenfädeldraht**
- **Karabiner mit Spaltring in Silber**

LUSTIGES

Brosche

1 In der Mitte eines 80 cm langen Drahtes fixierst du 2 hellblaue Glas-Großlochradl. Anschließend fädelst du nach der Vorlage das Hemd des Männchens.

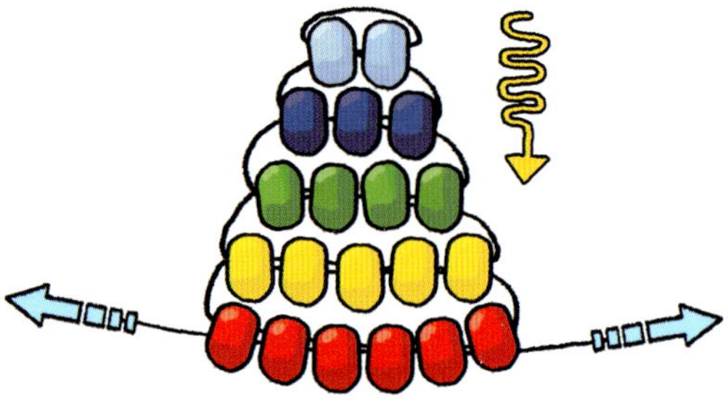

2 Die Drahtenden ziehst du an beiden Seiten vom Hemd durch die roten Perlen zurück. Dabei überspringst du die jeweils äußere rote Perle. Auf diese beiden Drahtenden die Beine aufziehen. Beide Drahtenden zurückfädeln und dabei die rote Perle am Beinende überspringen. Die Drahtenden sichern.

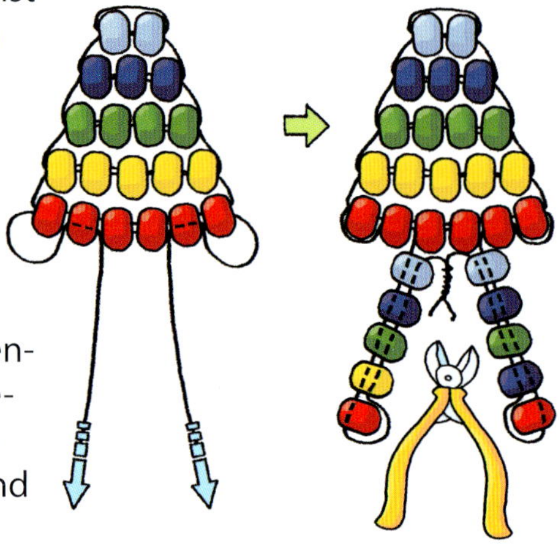

- Glas-Großlochradl in Hellblau, Dunkelblau, Grün, Gelb, Braun und Rot, ø 6 mm
- 1 Holzperle in Natur, ø 15 mm
- Spezial-Perlenfädeldraht, ø 0,3 mm
- Broschennadel, 3 cm lang
- UHU Kraft transparent

3 Für Kopf und Haare ziehst du durch die beiden hellblauen Perlen, die du anfangs aufgezogen hast, einen 20 cm langen Draht. Beide Drahtenden zusammennehmen und die Holzperle auffädeln. Auf das rechte Drahtende 2 braune Glas-Großlochradl aufziehen. Die letzte braune Perle überspringen und das Drahtende durch die erste zurückführen.

MÄNNLEIN

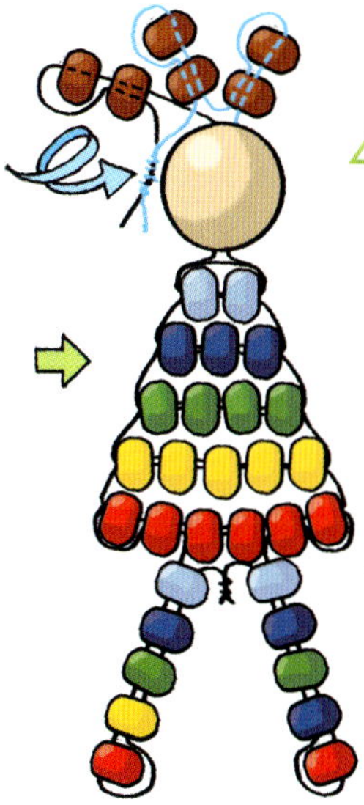

4 Nun folgen zwei weitere Großlochradl. Auch hier das Drahtende wieder an der letzten Perle vorbei durch die erste zurückführen. In gleicher Weise mit dem 2. Drahtende noch 2 Haarbüschel fädeln. Ziehe die Perlen für die Haare dicht an den Kopf heran. Verdrehe die Drahtenden und schneide sie ab.

5 Für die Arme ziehst du durch die dunkelblaue Perlenreihe am Hemd einen 20 cm langen Draht. Auf das linke Drahtende die Perlen nach Vorlage auffädeln und das Drahtende durch diese und die dunkelblaue Perlenreihe zurückfädeln. Dabei eine Perle überspringen. Die Perlen für den anderen Arm ebenso auffädeln. Abschließend verdrehst du die Drahtenden miteinander und schneidest sie ab.

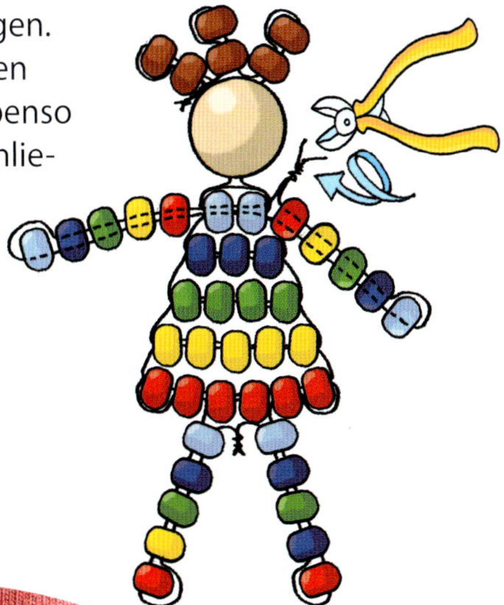

6 Zum Schluss klebst du die Broschennadel mit UHU Kraft transparent an.

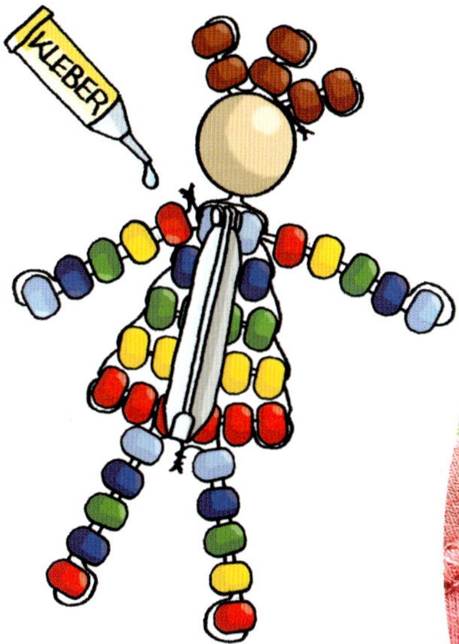

Ohrringe mit Herz

1 Zunächst befestigst du das Herz am Ohrhaken. Dazu fädelst du auf einen 10 cm langen Draht das Herz auf und ziehst dann über beide Drahtenden eine Perle auf. Ziehe das eine Drahtende durch die Öse am Ohrhaken und verdrehe dann beide Drahtenden miteinander und schneide sie ab.

2 Anschließend fädelst du auf einen 15 cm langen Draht 22 bunte gemischte Perlen auf. Wieder ziehst du ein Drahtende durch die Öse des Ohrhakens und verdrehst die Drahtenden miteinander. Schneide die Drahtenden ab. Den 2. Ohrring arbeitest du genauso.

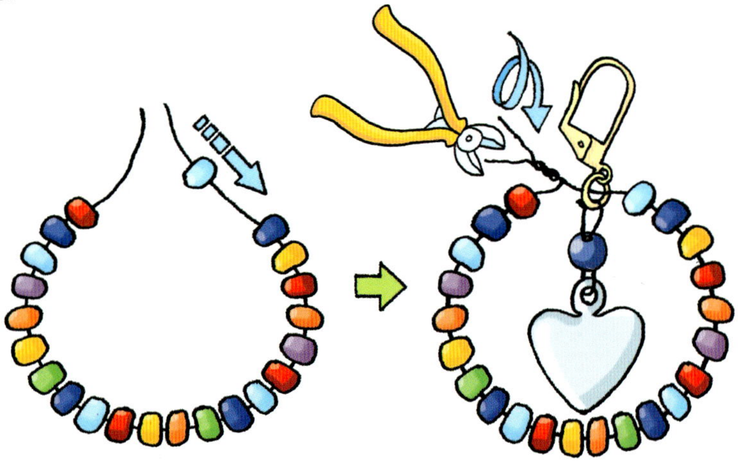

- Rocailles in Bunt gemischt gelüstert, ø 2,6 mm
- 2 Herzschmuckperlen
- Spezial-Perlenfädeldraht, ø 0,3 mm
- Ohrhaken mit Verschluss

UND RUND

Ringe

Ring kunterbunt

1 Auf einem 30 cm langen Draht fixierst du am linken Ende eine Perle. Ziehe dazu das rechte Drahtende von links nach rechts durch die Perle zurück, so kann sie nicht mehr verrutschen.

2 Nun fädele auf einer Länge von 14 cm bunte Perlen auf. Danach fixiere die letzte Perle wie oben beschrieben.

3 Wickle diese Perlendrahtreihe um den Finger, an dem du den Ring gerne tragen möchtest. Ist die Perlenreihe noch zu kurz für deinen Finger, ziehe noch weitere Perlen auf. Abschließend fixierst du das Drahtende, indem du an jedem Ende eine Perle überspringst und das Drahtende durch 3 Perlen ziehst. Schneide das überstehende Drahtende ab.

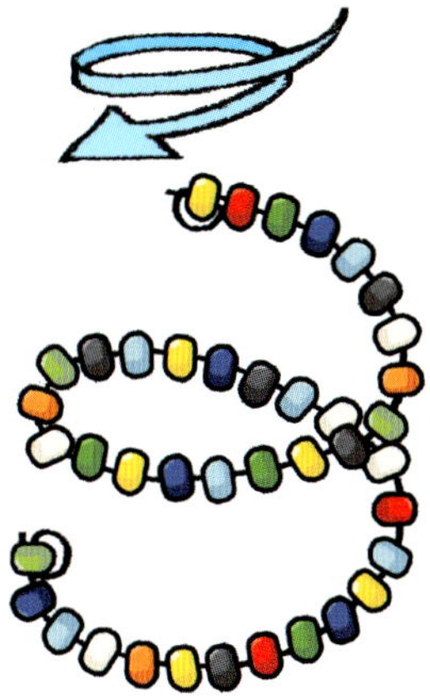

Ring mit Stern

1 Auf einen 10 cm langen Draht ziehst du 7-mal abwechselnd eine rote und eine orangefarbene Perle auf. Nun fädelst du auf das linke Drahtende den Stern auf. Anschließend verdrehst du beide Drahtenden miteinander und schneidest sie ab.

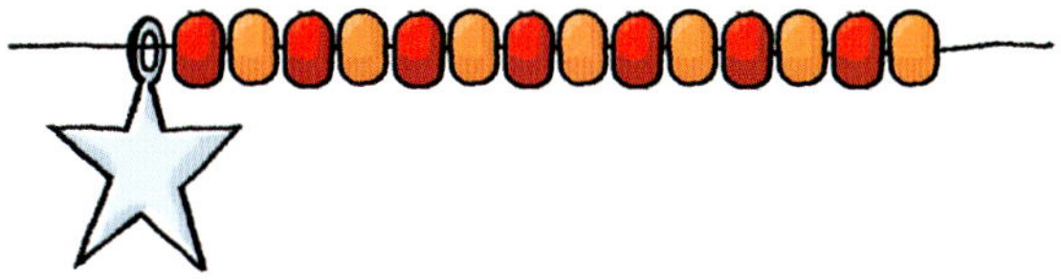

Ring kunterbunt

- **Rocailles in Bunt gemischt opak, ø 2,6 mm**
- **Spezial-Perlenfädeldraht, ø 0,3 mm**

Ring mit Stern

- **Indianerperlen in Rot und Orange, ø 4,5 mm**
- **Metallanhänger Stern**
- **Spezial-Perlenfädeldraht, ø 0,3 mm**

PERLEN-

Ringe

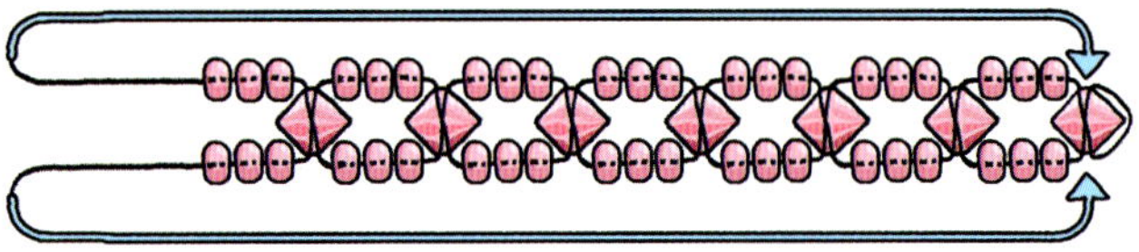

1 Fädele 1 Swarovski®-Perle in die Mitte eines 30 cm langen Drahtes.

Rosafarbener Ring

- **Rocailles mit Silbereinzug in Rosa, ø 2,6 mm**
- **7 Swarovski®-Kristallschliffperlen in Rosa, ø 4 mm**
- **Spezial-Perlenfädeldraht, ø 0,3 mm**

Blauer Ring

- **Rocailles in Blau transparent, ø 2,2 mm**
- **8 Swarovski®-Kristallschliffperlen in Blau, ø 4 mm**
- **Spezial-Perlenfädeldraht, ø 0,3 mm**

2 Ziehe auf jedes Drahtende 3 Perlen auf. Nun das rechte Drahtende von rechts nach links und das linke Drahtende von links nach rechts durch 1 weitere Swarovski®-Perle fädeln. An beiden Drahtenden gleichmäßig ziehen bis ein Kreis entsteht.

3 Ziehe erneut auf jedes Drahtende 3 Perlen auf und führe beide Drahtenden in entgegengesetzter Richtung durch eine weitere Swarovski®-Perle. Die Drahtenden wieder anziehen bis ein Kreis entsteht. Dies wiederholst du, bis alle Swarovski®-Perlen aufgebraucht sind.

4 Zum Schluss auf beide Drähte je 3 Perlen führen.

5 Das linke Drahtende von links nach rechts und das rechte Drahtende von rechts nach links durch die als erste aufgefädelte Swarovski®-Perle ziehen. Abschließend beide Drahtenden miteinander verdrehen und abschneiden.
Den blauen Ring arbeitest du genauso, nur mit 8 Swarovski®-Perlen.

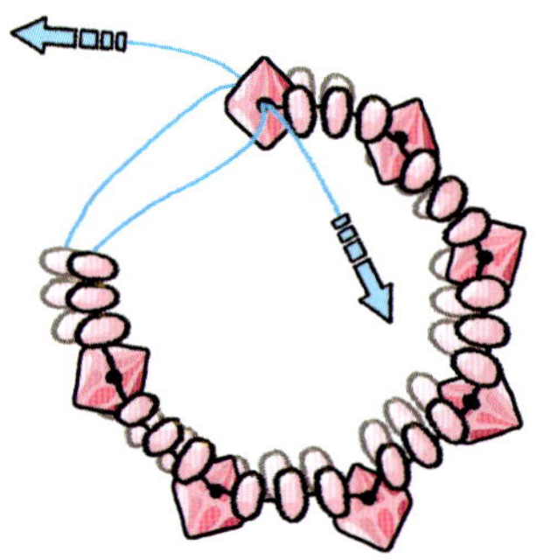

TRÄUME

Ohrringe

1 Auf einen 15 cm langen Draht ziehst du 8 rosafarbene Perlen, 1 Swarovski®-Perle und noch einmal 8 rosafarbene Perlen auf. Du schließt die Perlen zu einem Kreis, indem du das eine Drahtende von rechts nach links und das andere von links nach rechts durch eine weitere Swarovski®-Perle ziehst.

2 Nun fädelst du über beide Drahtenden gemeinsam 2 rosafarbene Perlen auf.

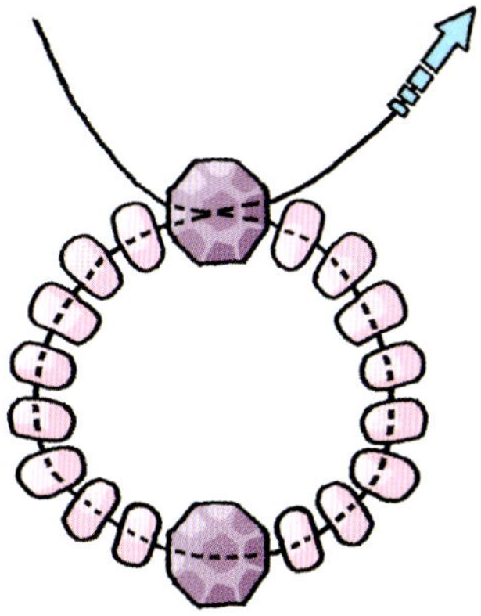

3 Ein Drahtende führst du durch die Öse des Ohrhakens, verdrehst die Drahtenden und schneidest sie ab.

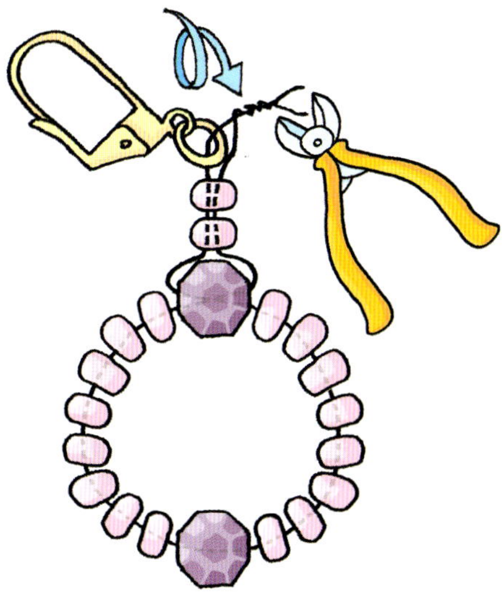

- **Rocaillles mit Silbereinzug in Rosa, ø 2,2 mm**
- **4 Swarovski®-Kristallschliffperlen in Amethyst, ø 6 mm**
- **Spezial-Perlenfädeldraht, ø 0,3 mm**
- **Ohrhaken mit Verschluss**

BUNTE

Glückskette

1 Auf einen 40 cm langen Magic-Stretchfaden ziehst du am linken Fadenende eine gelbe Perle auf. Fixiere die Perle, damit sie nicht verrutschen kann. Dazu führst du das rechte Fadenende von links nach rechts durch die Perle.

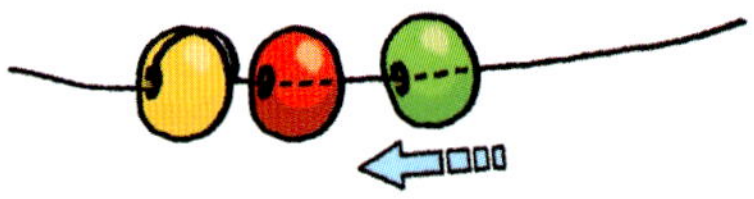

2 Nun fädelst du zu der gelben Perle noch eine rote und eine grüne Perle auf. Dieses Perlenmuster wiederholst du noch 13-mal. Dann ziehst du das Kleeblatt auf und wiederholst noch 14-mal das Perlenmuster. Anschließend verknotest du mehrmals die Fadenenden miteinander.

- Glas-Großlochradl in Rot, Gelb, Grün, ø 6mm
- Metallanhänger Kleeblatt
- Magic-Stretchfaden (elastischer Perlonfaden), ø 0,5 mm

Regenbogenkette

1 Auf einen 50 cm langen Perlonfaden ziehst du links bei 5 cm eine rosafarbene Perle auf und fixierst sie, indem du das linke Fadenende erneut von rechts nach links durch die Perle fädelst.

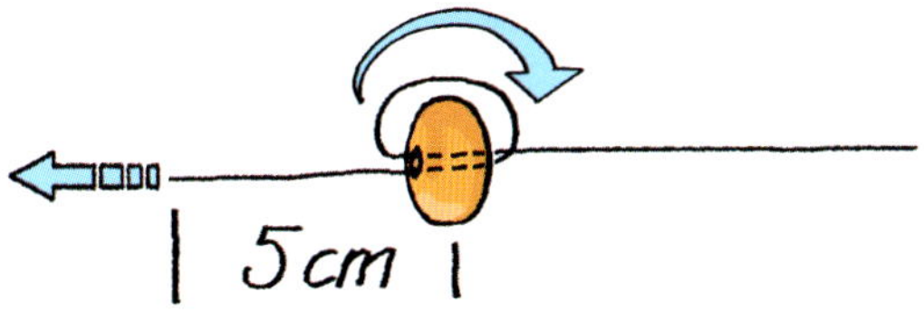

2 Nun fädelst du die Perlen nach der Vorlage auf. Zum Schluss knotest du den Federring an.

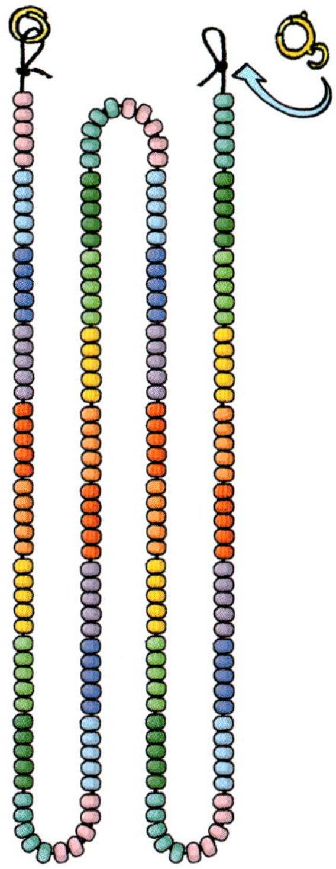

- Rocailles in Rosa opak, Hellblau opak, Dunkelblau opak, Lila opak, Rot opak, Orange opak, Gelb opak, Hellgrün opak, Dunkelgrün opak, Türkis opak, ø 2,2 mm
- Perlonfaden, ø 0,3 mm
- Federring mit Spaltring in Silber, ø 7 mm

KUNTERBUNTER

Kette und Armband

1 Stecke auf die sechseckige Bügelperlenplatte einfarbige Dreiecke in verschiedenen Farben. Halte dabei immer etwas Abstand zum nächsten Dreieck, sonst könnten die Dreiecke später beim Bügeln zusammenkleben. Für das Armband benötigst du 24 Dreiecke und für die Kette 64 Dreiecke.

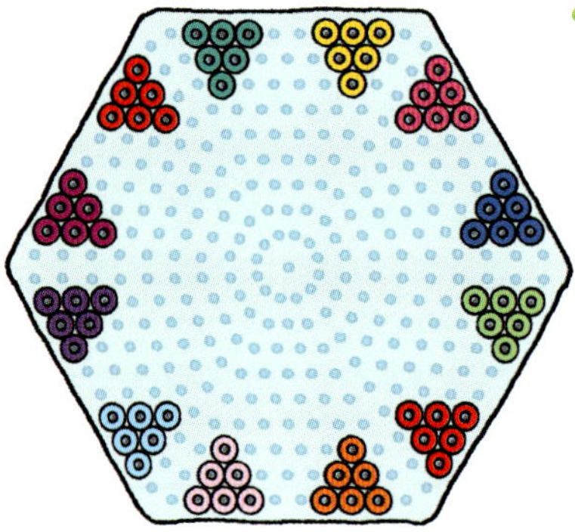

2 Hast du deine Dreiecke fertig gesteckt, lege Butterbrot- oder Backpapier über die Perlen. Stelle die Temperatur des Bügeleisens auf die niedrigste Stufe und bügele gleichmäßig über die Perlen. Du kannst durch das Papier erkennen, wenn die Bügelperlen anfangen zu verschmelzen. Wende die Platte und lass die Perlen auskühlen. Nun belegst du die Platte erneut.

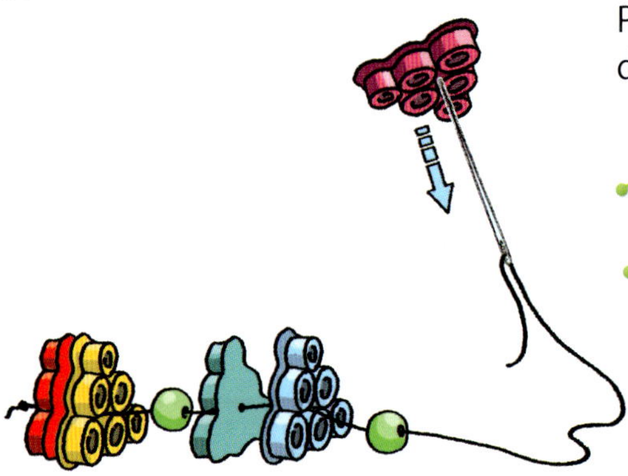

- Bügelperlen in Bunt gemischt, ø 3 mm
- Holzperlen in Hellgrün, ø 4 mm
- Magic-Stretchfaden (elastischer Perlonfaden) ø 0,5 mm, Kette 40 cm lang, Armband 15 cm lang
- Steckplatte für Bügelperlen, Sechseck
- Bügeleisen
- Stopfnadel
- Back- oder Butterbrotpapier

3 Zum Schluss ziehst du mithilfe einer Nadel je zwei Dreiecke und eine Holzperle auf den entsprechend langen Stretchfaden auf. Die Dreiecke sollten so aufgezogen werden, dass die glatten Seiten zueinander zeigen. Hast du deine gewünschte Länge erreicht, knote die Fadenenden zusammen.

Kleine Männchen am Ohr

1 Für die Beine ziehst du auf die linke Seite eines 30 cm langen Drahtes 3 schwarze Perlen auf. Schiebe die Perlen in die Mitte und führe die linke Drahthälfte durch 2 Perlen zurück. Überspringe dabei die 1. Perle. Mit der rechten Drahthälfte verfährst du ebenso. Ziehe die Perlen dicht an die zuvor gefädelten Perlen heran.

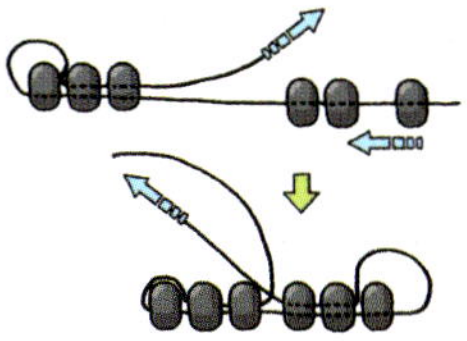

2 Nun folgt der Körper. Nimm 2-mal 2 rote Perlen auf.

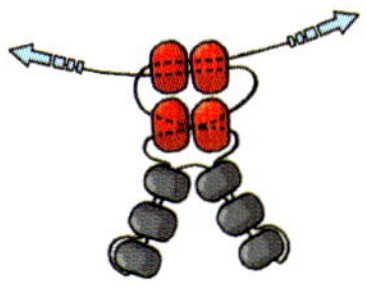

3 Danach kommen die Arme. Du nimmst rechts und links je 2 rote Perlen auf und führst die Drahtenden durch je 1 Perle zurück. Die 1. Perle wird auch hier wieder übersprungen.

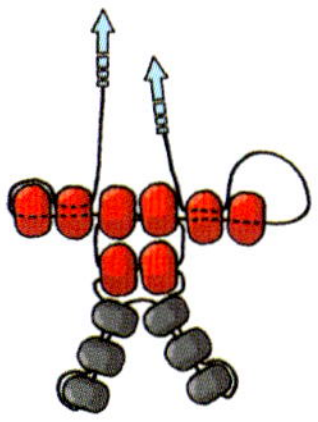

4 Anschließend ziehst du einmal 2 rote Perlen auf. Nun nimm beide Drahtenden zusammen und fädle eine weiße Holzperle auf beide Drahtenden.

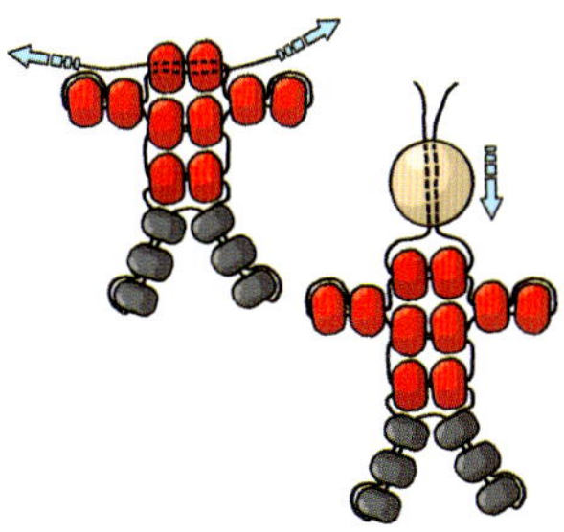

5 Ziehe ein Drahtende durch die Öse am Ohrhaken. Verdrehe die Drahtenden miteinander und schneide sie ab.

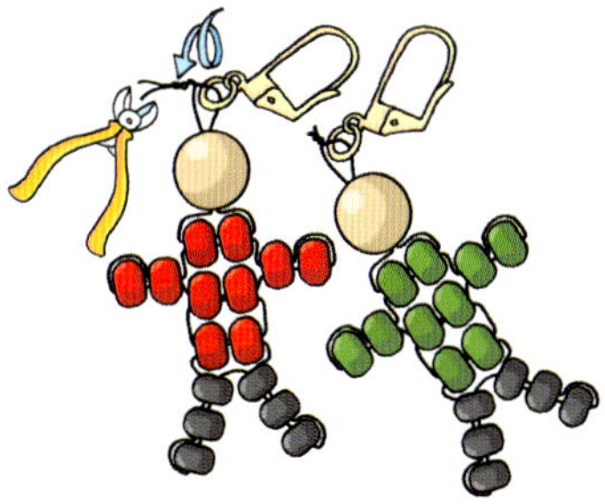

Den Ohrring mit dem grünen Männchen arbeitest du genauso.

- **Rocailles in Schwarz opak , Grün opak und Rot opak, ø 2,2 mm**
- **2 Holzperlen in Weiß, ø 4 mm**
- **Spezial-Perlenfädeldraht, ø 0,3 mm**
- **Ohrhaken mit Verschluss**

SCHMUCK

Dreierarmband

1 Schneide 3-mal 20 cm Stretchfaden zu.

2 Den 1. Faden bestückst du auf einer Länge von 14 cm mit den rosafarbenen Glaswachsperlen. Auf den 2. Faden fädelst du die rosafarbenen Rocailles. Für das 3. Armband ziehst du 8-mal abwechselnd je10 grüne Rocailles und eine Swarovski®-Perle auf den 3. Faden auf.

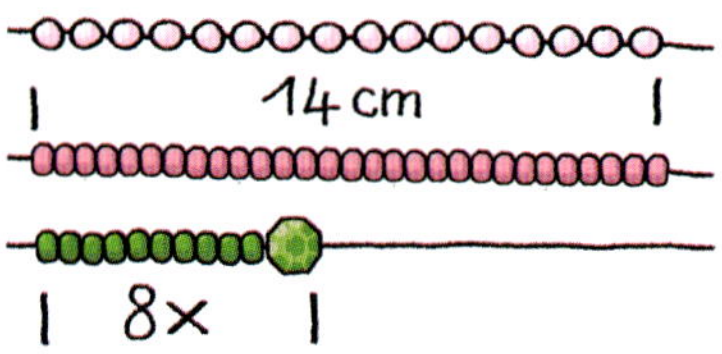

3 Verknote an jedem Armband die Fadenenden und schneide sie ab.

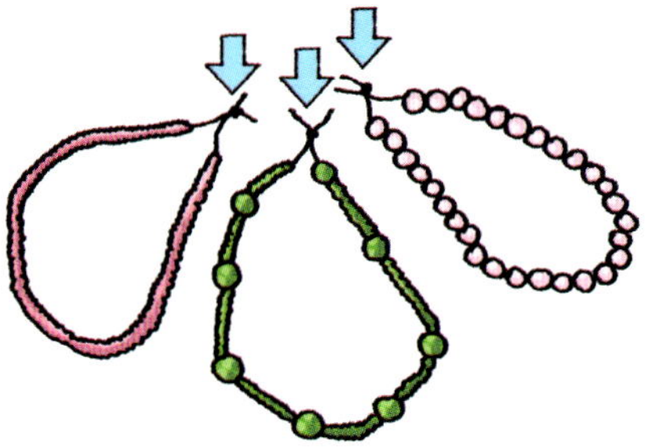

4 Zum Schluss bindest du alle drei Armbänder mit einem hübschen Geschenkband zusammen.

- Rocailles in Hellgrün, transparent, ø 2,2 mm
- Rocailles in Rosa mit Silbereinzug, ø 2,5 mm
- Glaswachsperlen in Rosa, ø 4 mm
- 8 Swarovski®-Kristallschliffperlen in Hellgrün, ø 3 mm
- Magic-Stretchfaden (elastischer Perlonfaden), ø 0,5 mm
- Schleifenband

Blümchen-Ohrringe

1 Ziehe auf die linke Seite des Drahtes 7 rosafarbene Perlen auf und fädle das rechte Drahtende von der äußeren, rosafarbenen Perle auf der linken Seite an noch einmal durch alle 7 Perlen zur rechten Seite. Nun beide Drahtenden zusammenführen, damit ein Kreis entsteht.

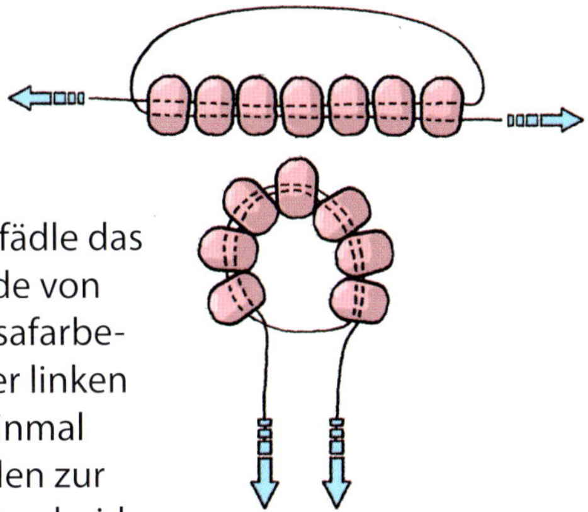

2 Auf beide Drahtenden fädelst du eine pinkfarbene Perle. Diese legst du in die Mitte des Kreises und ziehst das rechte Drahtende auf der rechten Seite und das linke Drahtende auf der linken Seite durch die gegenüberliegende rosafarbene Perle. Die Drahtenden nicht abschneiden. Fädele die 2. Blüte genauso.

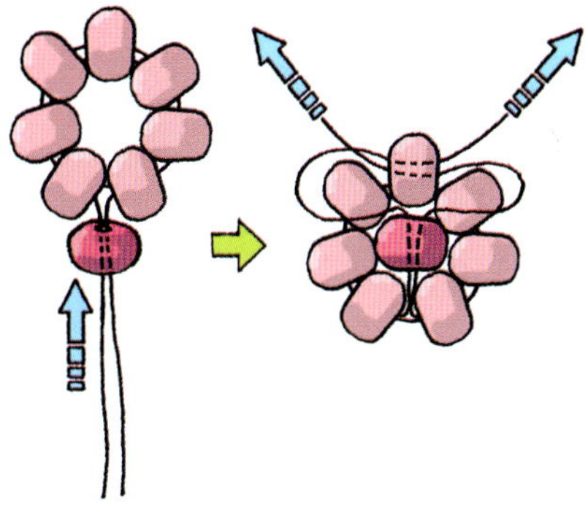

3 Zum Schluss befestigst du die Blümchen an den Ohrhaken. Führe ein Drahtende des Blümchens durch die Öse des Ohrhakens, verdrehe beide Drahtenden miteinander und schneide sie ab.

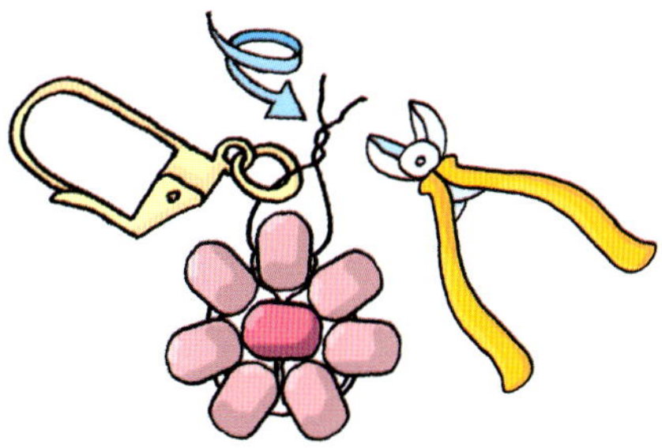

- **Rocailles in Pink porzellan und in Rosa porzellan, ø 2,2 mm**
- **Perlonfaden, ø 0,25 mm**
- **Ohrhaken mit Verschluss**

Accessoires

Äpfelchen

1 Auf einem 25 cm langen Draht fixierst du in der Mitte 2 rote Perlen, indem du das rechte Drahtende erneut von der linken zur rechten Seite durch die 2 Perlen ziehst. Dann fädelst du den Apfel nach der Zählvorlage. Die beiden Drahtenden nicht abschneiden, du brauchst sie noch für die Herstellung des Stiels und des Blattes.

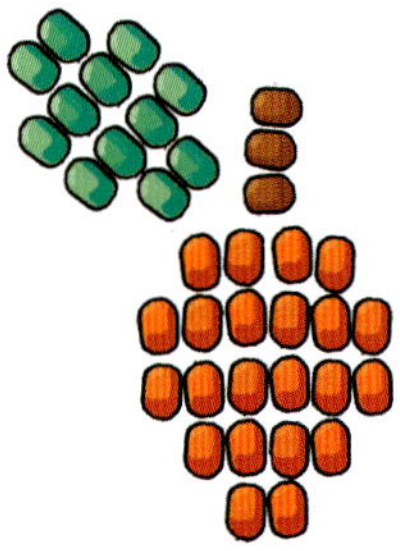

2 Für den Stiel ziehst du das rechte Drahtende durch 1 rote Perle zurück. Dabei eine Perle überspringen. Auf dieses Drahtende 3 braune Perlen aufziehen und das Drahtende durch die braunen Perlen wieder zurückführen. Dabei die 1. Perle überspringen. Das Drahtende nicht abschneiden. Mit diesem und dem linken Drahtende das Blatt nach Vorlage fädeln. Die Drahtenden miteinander verdrehen und abschneiden.

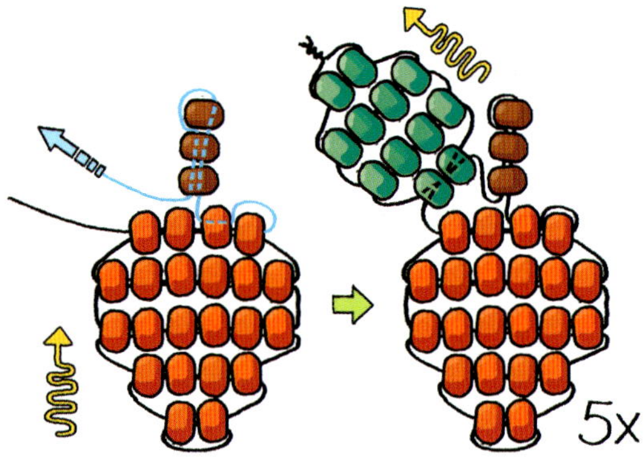

3 Für die Haarspange benötigst du 5 Äpfel. Klebe die Äpfel auf die Haarspange und lasse deine Arbeit gut trocknen.

- **Rocailles in Rot opak, ø 2,6 mm**
- **Rocailles in Braun opak, ø 2,2 mm**
- **Rocailles in Grün metallic, ø 2,5 mm**
- **Silberdraht, ø 0,3 mm**
- **Haarspange in Silber, 5 cm lang**
- **UHU Kraft transparent**

Roter Haarkringel

1 Fädele 1 rote Perle auf einen 40 cm langen Faden und fixiere sie am linken Ende bei 7 cm, indem du das rechte Fadenende erneut von links nach rechts durch die Perle ziehst. Danach fädelst du eine weiße und eine orangefarbene Perle auf.

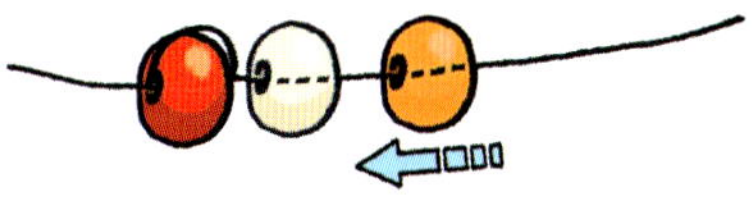

2 Dieses Muster wiederholst du fortwährend bis zu einer Länge von 25 cm. Fixiere die letzte Perle und knote den überstehenden Faden am Haargummi an. Nun umschlingst du das Haargummi gleichmäßig mit dem Perlenstrang.

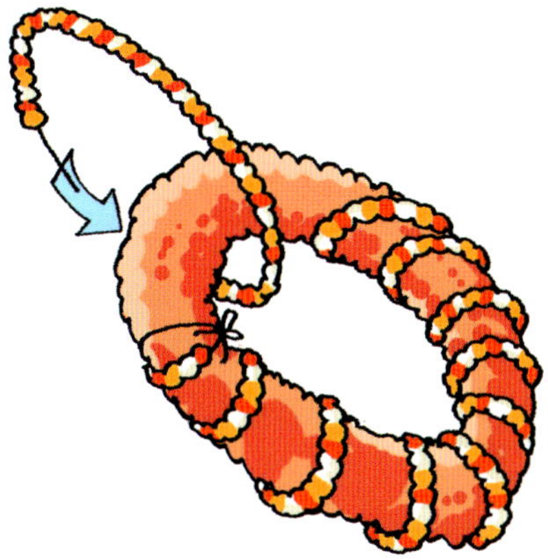

3 Am Schluss die Fäden miteinander verknoten und abschneiden.

- **Indianerperlen in Weiß, Rot, Orange, ø 4,5 mm**
- **Perlonfaden, ø 0,3 mm**
- **Haargummi in Rot**

SOMMER-

Segelboot ahoi!

1 Führe 5 blaue Perlen in die Mitte eines 50 cm langen Drahtes. Nun fixierst du die Perlen, indem du das rechte Drahtende nochmals von links nach rechts durch alle Perlen ziehst, sodass sich die Drähte kreuzen. Dann den Schiffsrumpf nach Zählvorlage fädeln.

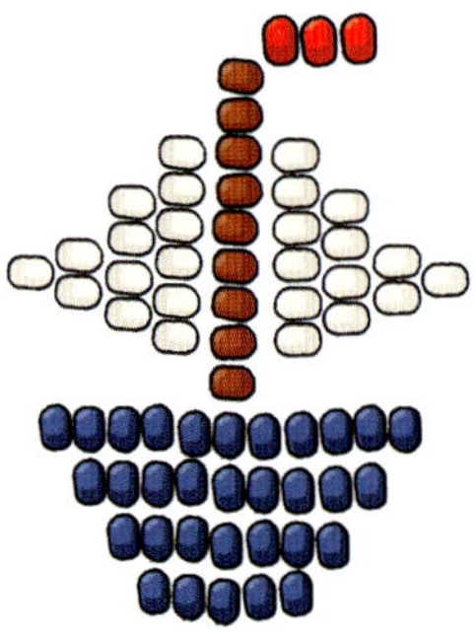

2 Wenn der Schiffsrumpf fertig ist, ziehst du das rechte und das linke Drahtende jeweils durch 4 blaue Rocailles zur Mitte des Rumpfes. Dabei jeweils die 1. Perle überspringen.

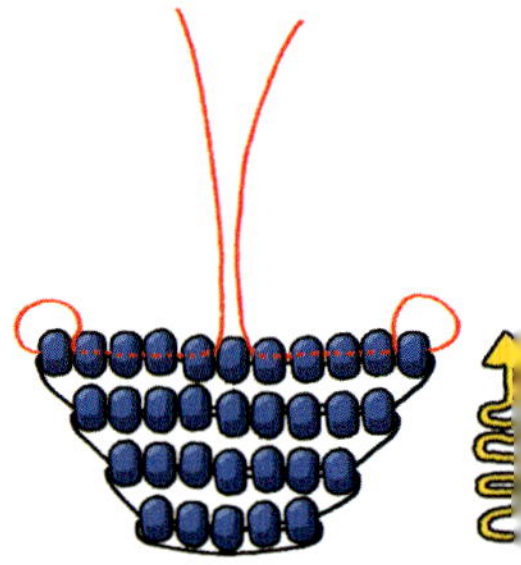

3 Über beide Drahtenden 9 braune und 3 rote Perlen ziehen. Eines der Drahtenden erneut durch die letzte rote Perle führen und diese so fixieren. Die Drahtenden verdrehen und abschneiden.

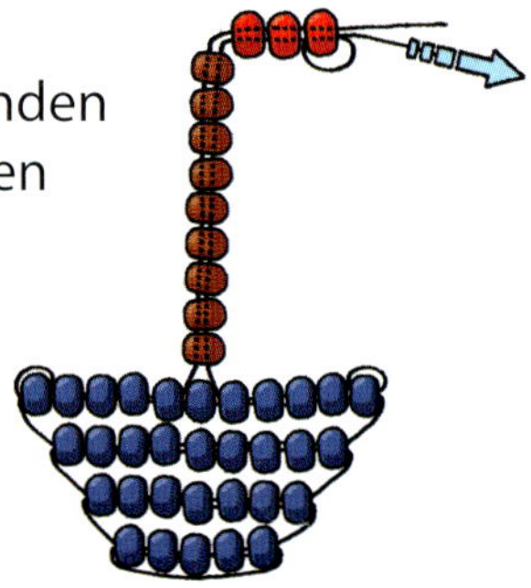

4 An beiden Seiten des Schiffsmastes ziehst du durch die 2. bis 8. braune Perle je einen 30 cm langen Draht. Die Segel nach Vorlage aufziehen. Zum Schluss die Drahtenden verdrehen und abschneiden.

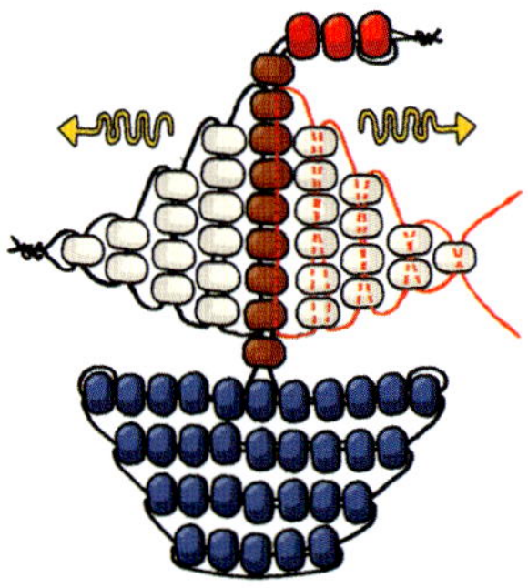

5 Nun öffnest du den Ring an der Karabinerschließe und ziehst ihn zwischen den Perlen und dem Draht durch (siehe Foto). Den Ring wieder schließen.

- **Rocailles in Weiß opak, Rot opak, Braun opak und Blau opak, ø 2,2 mm**
- **Spezial-Perlenfädeldraht in Silber, 50 cm lang, 2 x 30 cm lang, ø 0,3 mm**
- **Karabinerschließe mit Ring, 9,5 mm lang**

Eistraum

1 Ziehe eine elfenbeinfarbene Perle auf einen 30 cm langen Draht auf. Fixiere die Perle in der Drahtmitte, indem du die rechte Drahthälfte nochmals von links nach rechts durch die Perle fädelst, sodass sich die Drähte kreuzen. Ziehe die Perlen nach der Zählvorlage auf. Anschließend verdrehst du die Drahtenden miteinander und schneidest sie ab.

2 Nun öffnest du den Ring am Karabiner und ziehst ihn zwischen den Perlen und dem Draht durch. Den Ring wieder schließen.

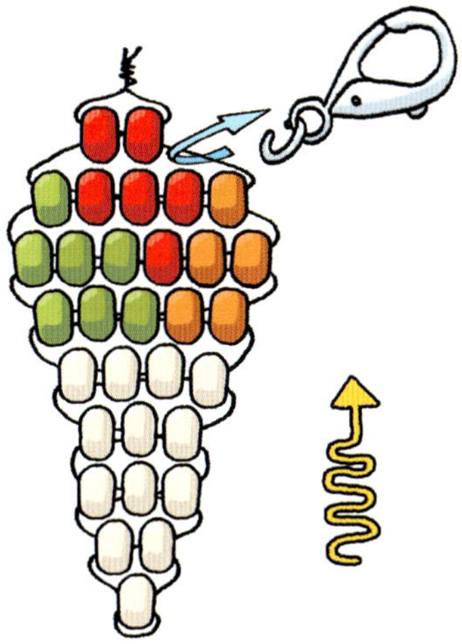

- Rocailles in Hellgrün opak, Orange opak und Rot opak, ø 2,2 mm
- Rocailles in Elfenbein porzellan, ø 2,2 mm
- Spezial-Perlenfädeldraht in Silber, ø 0,3 mm
- Karabinerschließe mit Ring, 9,5 mm

HAAR-

Schmetterlinge

1 Auf einen 50 cm langen Draht 2 braune Perlen aufziehen und in der Drahtmitte fixieren. Dazu die rechte Drahthälfte erneut von der linken zur rechten Seite durch die Perlen führen. Auf das linke Drahtende 2 weitere braune Perlen aufziehen. Das rechte Drahtende von rechts nach links durch diese Perlen führen und in gleicher Weise nach der Zählvorlage noch 7 Perlenreihen fädeln.

2 Mit den Drahtenden die Fühler des Schmetterlings fädeln. Je Draht 6 Perlen aufziehen und die Drahtenden durch die braunen Perlen zurückführen. Dabei eine Perle überspringen. Die Drahtenden verdrehen und abschneiden.

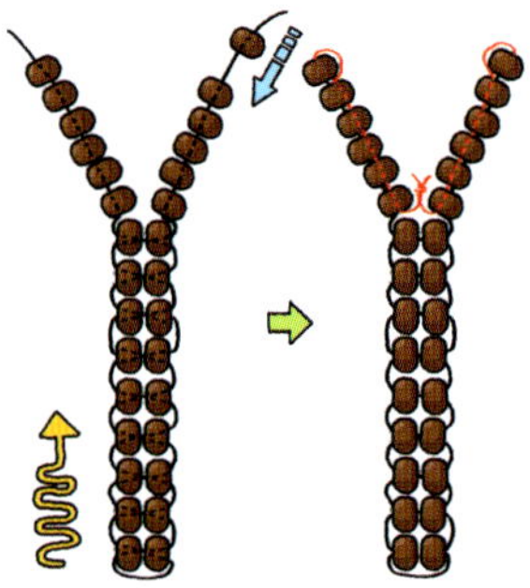

3 Links und rechts vom Körper ziehst du durch die Perlen der 5. und 6. und der 8. und 9. Perlenreihe je einen 30 cm langen Draht durch.

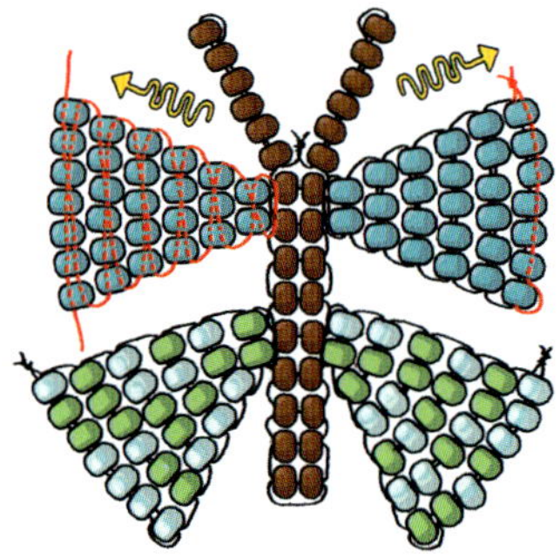

4 Für den 1. Flügel auf die linke Drahthälfte 2 Perlen aufziehen und die rechte Drahthälfte von rechts nach links durch diese Perlen führen. Den Flügel weiter nach Vorlage fädeln. Bei der letzten Perlenreihe das linke Drahtende durch diese Reihe zurückziehen und dabei 1 Perle überspringen. Die Drähte verdrehen und abschneiden. Die restlichen 3 Flügel arbeitest du genauso.

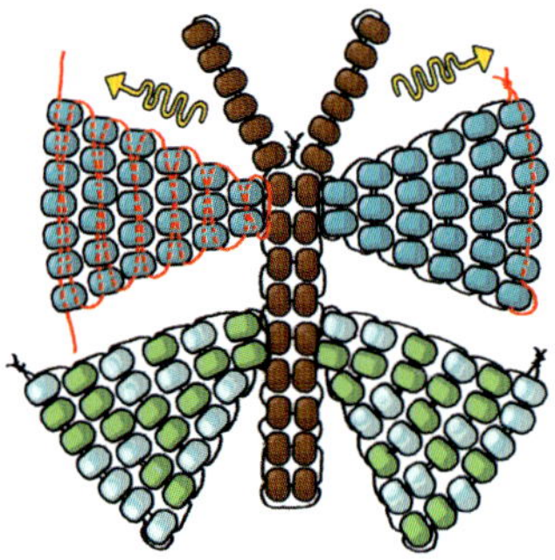

- **Rocailles in Grün transparent, ø 2,2 mm**
- **Rocailles in Braun opak, Hellgrün opak, Türkis opak, ø 2,2 mm**
- **Spezial-Perlenfädeldraht, ø 0,3 mm**
- **2 Haargummis in Weiß**

5 Mit einem Stück Perlonfaden die Schmetterlinge an deinen Haargummis anknoten.

ZAUBER

Herzstückchen

1 Führe eine pinkfarbene Perle in die Mitte eines 40 cm langen Drahtes und fixiere sie dort. Dazu die linke Drahthälfte nochmals von rechts nach links durch die Perle ziehen. Nach der Vorlage 5 weitere Perlenreihen fädeln.

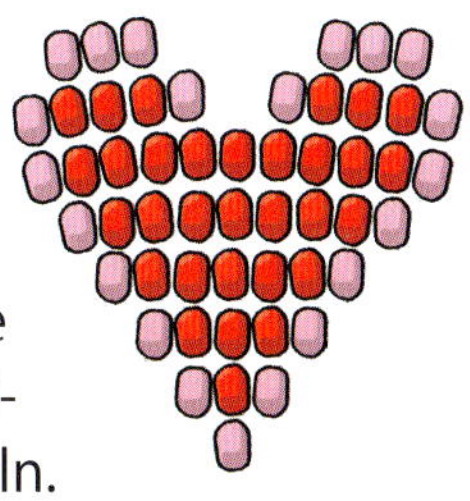

2 In der 6. Perlenreihe ziehst du das linke Drahtende durch 5 Perlen wieder zurück und überspringst dabei die 1. Perle. Nun ziehst du die Perlen für die letzten 2 Reihen nach Vorlage auf. Verdrehe die Drahtenden und schneide sie ab.

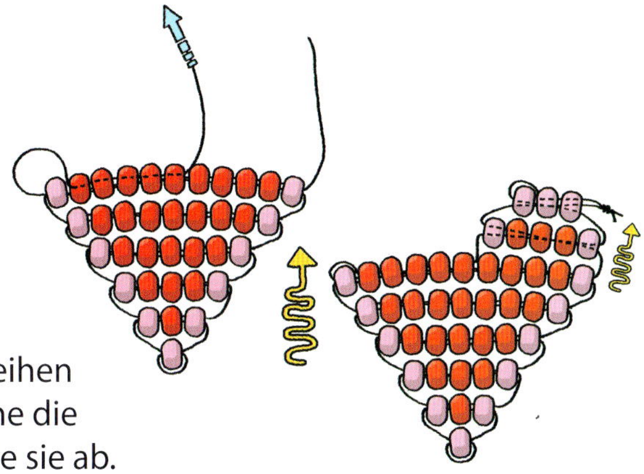

3 Durch die äußeren 5 Perlen der linken Seite ziehst du in der 6. Reihe einen 15 cm langen Draht. Fädle die Perlen der Vorlage nach auf. Dann die Drahtenden sichern.

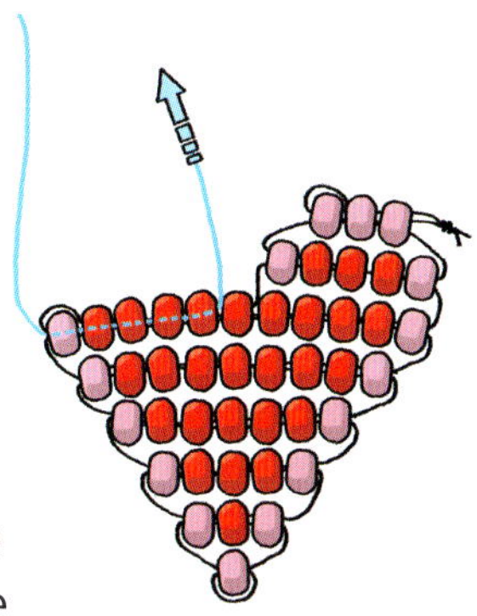

4 Fertige in gleicher Weise ein weiteres kleines und ein großes Herz nach Vorlage an.

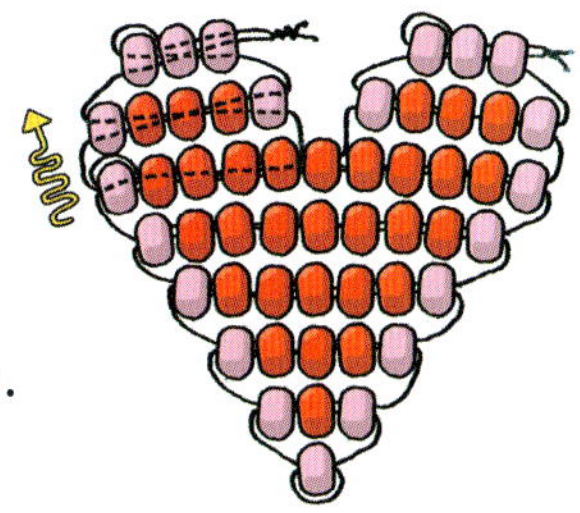

5 Zum Schluss klebst du 2 kleine Herzen und ein großes Herz auf die Haarspange auf.

- **Rocailles in Rot opak und Pink opak, ø 2,2 mm**
- **Spezial-Perlenfädeldraht, ø 0,3 mm**
- **Haarspange in Silber, 6 cm lang**
- **UHU Kraft transparent**

ZAUBERHAFTE

Glückspilz

1 Fädele 3 weiße Perlen in die Mitte eines 20 cm langen Drahtes und fixiere sie dort, indem du die linke Drahthälfte noch einmal von rechts nach links durch diese Perlen führst. Auf das linke Drahtende 3 weiße Perlen aufziehen. Das rechte Drahtende von rechts nach links durch diese Perlen führen. In gleicher Weise nach der Zählvorlage noch 2 weitere Perlenreihen fädeln.

2 Danach folgen 7 rote Perlen. Fädele weiter nach der Zählvorlage. Nach der letzten Perlenreihe das rechte Drahtende durch 2 Perlen zurückziehen und dabei die 1. Perle überspringen. Die Drahtenden verdrehen und abschneiden.

3 Zum Schluss öffne mit Hilfe einer Zange den Ring an der Karabinerschließe, ziehe ihn zwischen Draht und Perlen hindurch und schließe den Ring wieder.

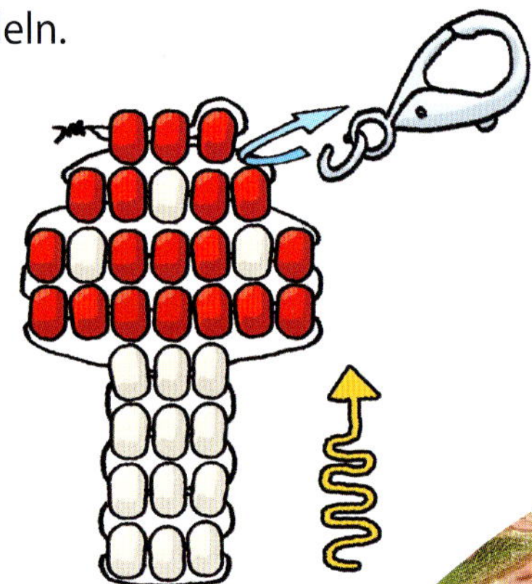

- Rocailles in Rot opak und Weiß opak, ø 2,2 mm
- Spezial-Perlenfädeldraht, ø 0,3 mm, 20 cm lang
- Karabinerschließe mit Ring, 9,5 mm lang

BLÜMCHEN

Blüten-Spielerei

1 Führe 8 Rocailles in die Mitte eines 20 cm langen Fadens und schließe sie zu einem Ring, indem du das rechte Fadenende von rechts nach links durch die 1. Perle ziehst.

2 Über beide Fäden gemeinsam ziehst du eine Indianerperle.

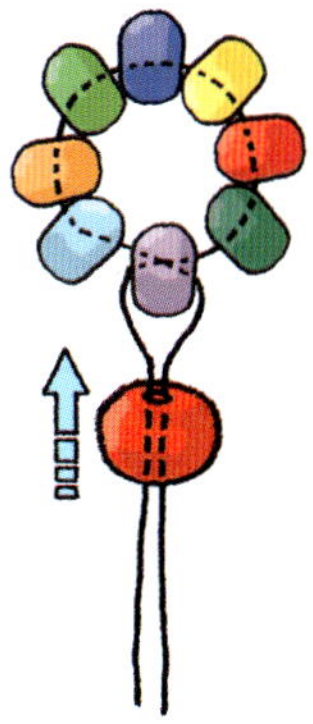

3 Lege sie in die Mitte des Kreises. Ein Fadenende ziehst du von links nach rechts und das andere Fadenende von rechts nach links durch die gegenüberliegende Perle. Ziehe weitere 19 Perlen über beide Fäden.

4 Du fertigst ein weiteres Blümchen an, das in der Länge um 10 Perlen kürzer ist. Schneide die Fäden nicht ab, damit verbindest du beide Blümchenanhänger.

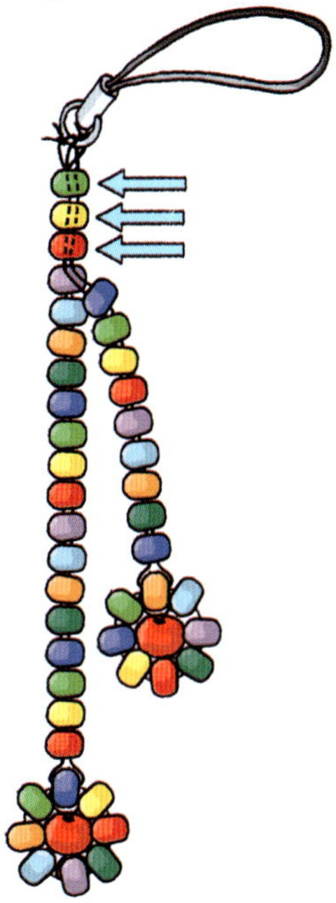

5 Dazu die Fadenenden des kürzeren durch die letzten 3 Perlen des längeren Anhängers ziehen. Ein Fadenende auch durch die Öse des Anhängers führen, die Fadenenden verknoten und abschneiden.

- **Rocailles in Bunt gemischt gelüstert, ø 2,6 mm**
- **2 Indianerperlen in Rot, ø 4,5 mm**
- **Perlonfaden, ø 0,3 mm**
- **Handy-Anhänger**

Frische Melone

1 Auf einen 30 cm langen Draht ziehst du eine rote Perle auf und fixierst sie in der Mitte des Drahtes. Dazu die rechte Drahthälfte erneut von links nach rechts durch die Perle führen. Nun die Perlen gemäß der Vorlage auffädeln.

2 Hast du die letzte Reihe aufgezogen, ziehst du das rechte Drahtende durch die obere Perlenreihe zur linken Seite zurück. Überspringe dabei eine Perle. Zum Schluss befestigst du die Karabinerschließe. Öffne dazu mit Hilfe einer Zange den Ring am Karabiner, führe ihn zwischen den Perlen hindurch um den Draht herum und schließe ihn anschließend wieder.

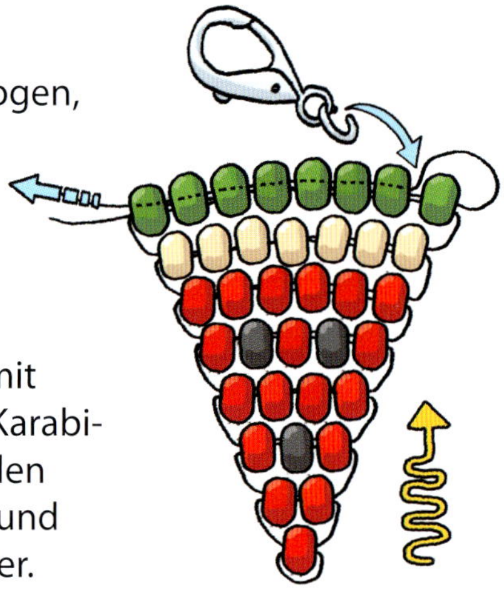

- **Rocailles in Grün opak, Beige opak, Rot opak und Schwarz opak, ø 2,6 mm**
- **Spezial-Perlenfädeldraht, ø 0,3 mm**
- **Karabinerschließe mit Ring, 9,5 mm lang**

Saftige Kirschen

1 Zuerst fädelst du die Kirsche mit dem Stiel aus 4 braunen Perlen auf. Dazu 2 rote Perlen in die Mitte eines 25 cm langen Drahtes führen und fixieren, indem du die rechte Drahthälfte erneut von links nach rechts durch die Perle ziehst. Nacheinander zuerst die Kirsche, dann den Stiel und zum Schluss das Blatt gemäß Vorlage fädeln. Die Drahtenden verdrehen und anschließend abschneiden.

2 Die 2. Kirsche auch nach Vorlage fädeln. Nach der 3. braunen Perle die beiden Kirschstiele verbinden, indem du ein Drahtende von rechts nach links und das andere von links nach rechts durch die letzte braune Perle der 1. Kirsche führst. Beide Drahtenden anziehen und das Blatt der 2. Kirsche nach Vorlage fädeln.

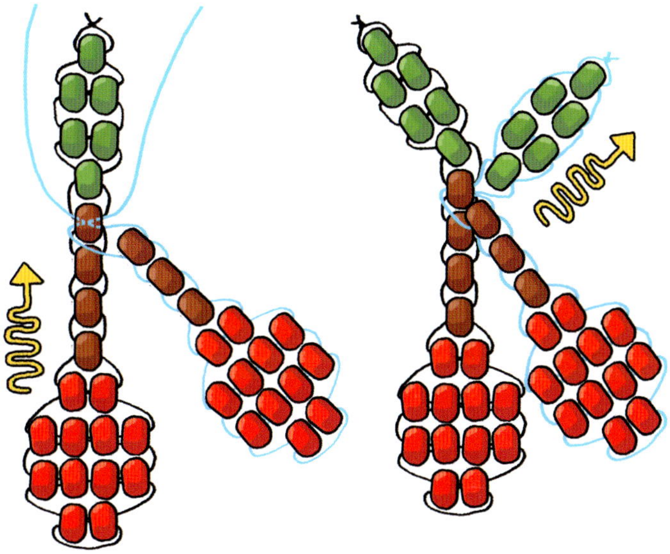

3 Zum Schluss befestigst du die Karabinerschließe. Öffne mit Hilfe einer Zange den Ring, ziehe ihn zwischen Perle und Draht hindurch und schließe den Ring wieder.

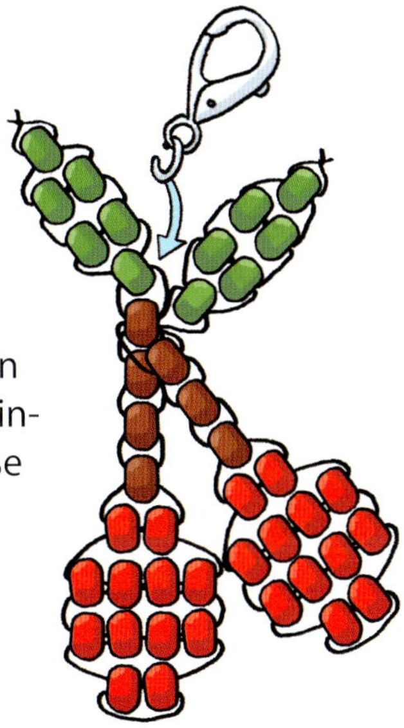

- **Rocailles in Rot opak, Braun opak und Grün opak, ø 2,2 mm**
- **Spezial-Perlenfädeldraht, ø 0,3 mm**
- **Karabinerschließe mit Ring, 9,5 mm lang**

Perlenfiguren

FROSCH-

Großer Frosch

1 Beginne mit dem Kopf des Frosches. Dazu auf einen 1 m langen Draht 1 schwarze Holzperle, 4 grüne Perlen und noch 1 Holzperle aufziehen. Die Perlen in der Drahtmitte fixieren, indem du die linke Drahthälfte durch die grünen Perlen nach rechts und durch die rechte Drahthälfte durch die gleichen Perlen nach links führst und die Holzperlen dabei überspringst.

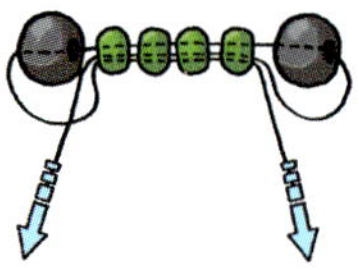

2 Kopf und Körper gemäß Vorlage aufziehen. Die Drahtenden nicht abschneiden.

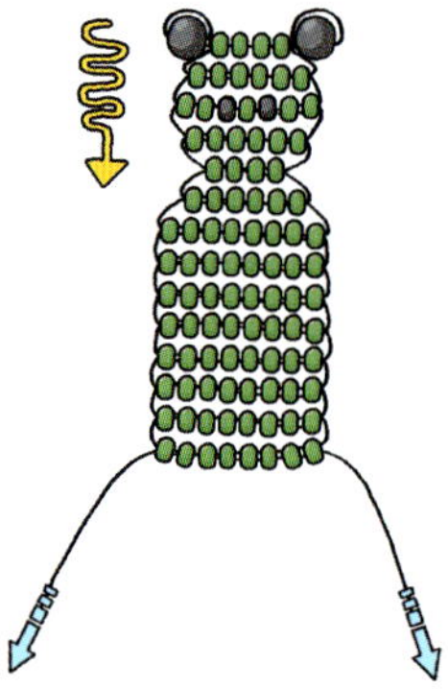

3 Auf das linke Drahtende 19 grüne Perlen und 1 hellgrüne Holzperle aufziehen. Führe das Drahtende durch die Perlen wieder zurück und überspringe dabei die Holzperle. Das Drahtende nicht abschneiden. Die rechte Seite ebenso fädeln und das Drahtende dann durch die letzte Perlenreihe des Froschkörpers führen. Beide Drahtenden miteinander verdrehen und abschneiden.

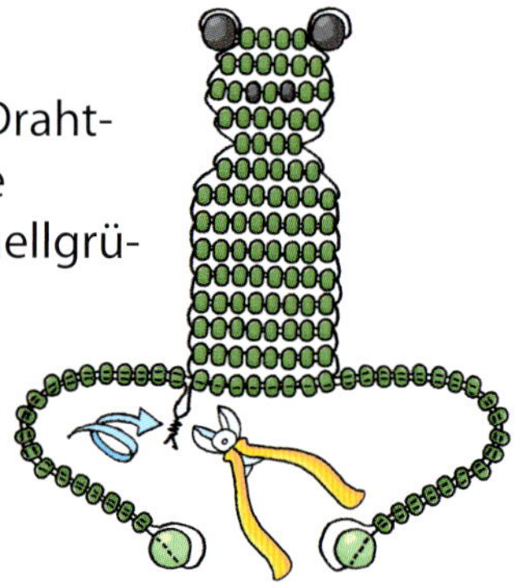

- Rocailles in Grün opak und Schwarz opak, ø 2,6 mm
- 2 Holzperlen in Schwarz, ø 4 mm
- 4 Holzperlen in Hellgrün, ø 4 mm
- Perle in Gold, ø 8 mm
- Spezial-Perlenfädeldraht, ø 0,3 mm
- Perlonfaden, ø 0,3 mm

4 Für die Arme rechts und links der 7. Reihe je einen 20 cm langen Draht einziehen und auf jeder Seite 15 grüne Perlen und 1 hellgrüne Holzperle auf beide Drahtenden fädeln. Je ein Drahtende durch einige Perlen zurückführen und die Drahtenden abschneiden.

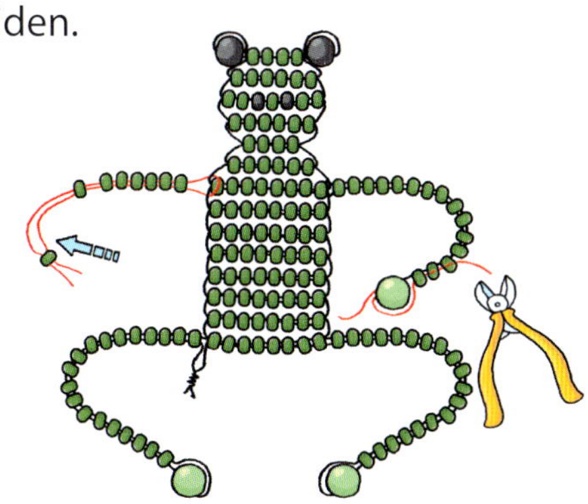

5 Die schwarzen Holzperlen in der 1. Reihe biegst du ein wenig nach oben. Nun knotest du die goldene Kugel zwischen die hellgrünen Holzperlen der Arme. Dazu 10 cm Perlonfaden durch die linke Holzperle führen. Über beide Fadenenden die goldene Perle ziehen und anschließend durch die rechte Holzperle fädeln. Nun die Fadenenden miteinander verknoten.

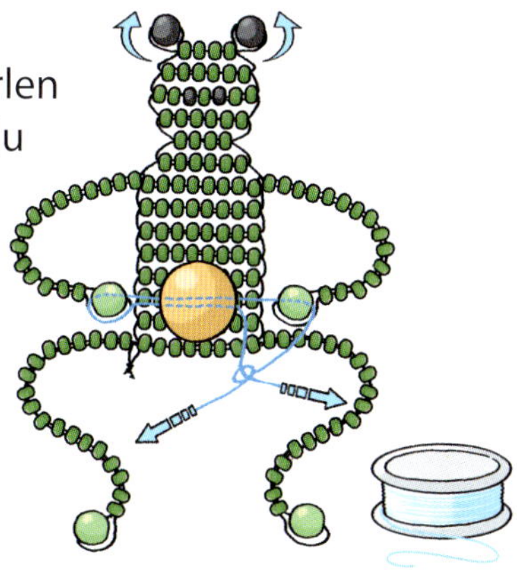

Kleiner Frosch

1 Den kleinen Frosch fädelst du nach der Vorlage genauso wie den großen. Nimm ein kürzeres Stück Draht und weniger Perlen.

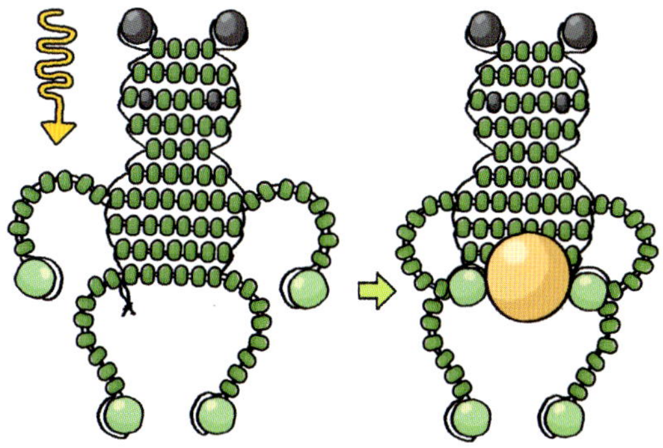

- **Rocailles in Grün transparent und Schwarz opak, ø 2,2 mm**
- **2 Holzperlen in Schwarz, ø 4 mm**
- **4 Holzperlen in Mittelgrün, ø 4 mm**
- **Perle in Gold, ø 8 mm**
- **Spezial-Perlenfädeldraht, ø 0,3 mm**
- **Perlonfaden, ø 0,3 mm**

PRINZESSIN

Königskind

1 Führe 3 schwarze Perlen in die Mitte eines 80 cm langen Drahtes. Fixiere die Perlen, indem du das linke Ende des Drahtes von rechts nach links erneut durch die Perlen führst. Nun folgen 4 schwarze Perlen. Fädele den Kopf, die Bluse und den Rock nach der Vorlage. Die Drahtenden an beiden Seiten mehrmals um die letzten, seitlichen Drahtschlaufen des Rockes wickeln und anschließend abschneiden.

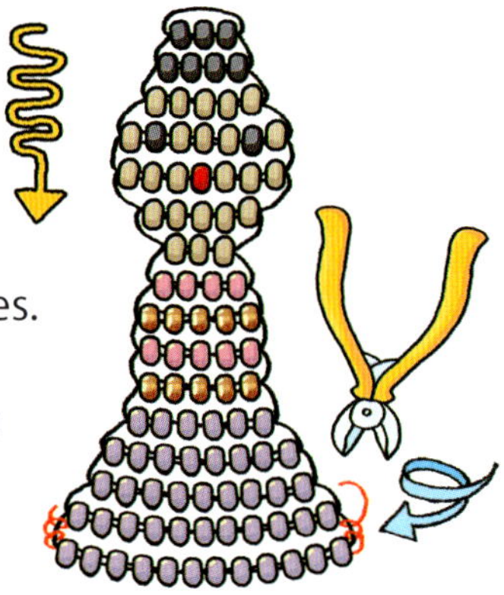

2 Ziehe für die Arme auf beiden Seiten des Körpers zwischen der 9. und 10. Reihe jeweils einen 40 cm langen Draht ein.

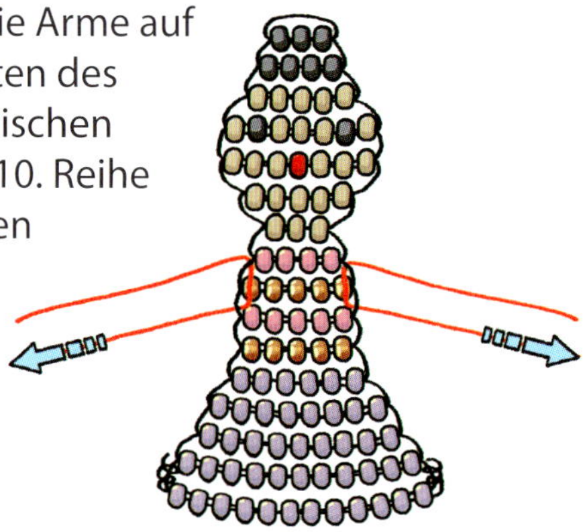

3 Fädele die Arme gemäß der Vorlage auf. Anschließend verdrehst du die Drahtenden miteinander und schneidest sie ab.

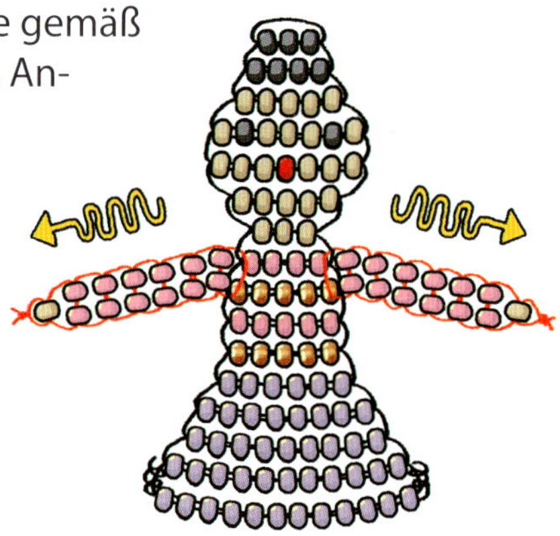

- Rocailles in Schwarz opak, Lila opak, Beige opak, Rot opak, Rosa opak und Gold metallic, ø 2,2 mm
- Spezial-Perlenfädeldraht, ø 0,3 mm

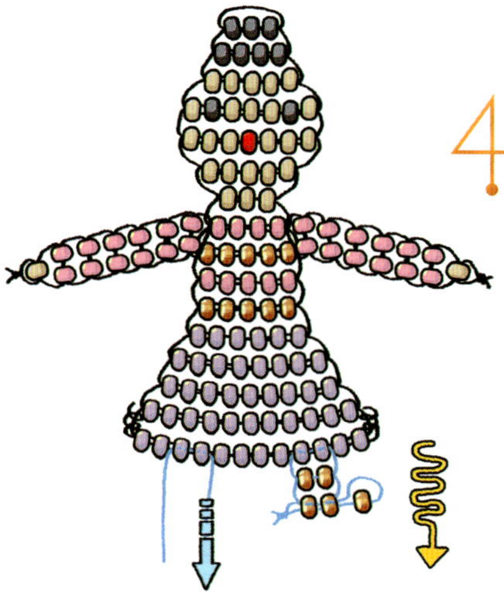

4 Für die goldenen Schuhe ziehst du an beiden Seiten je einen 10 cm langen Draht durch die 3. und 4. äußere Perle des Rockes. Danach fädelst du je einmal 2 Perlen und einmal 3 Perlen auf. Führe das jeweils äußere Drahtende durch die 3 Perlen zurück und überspringe dabei eine Perle. Zum Schluss die Drahtenden miteinander verdrehen und abschneiden.

TAUSENDSCHÖN

5 Für die Haare ziehst du einen 20 cm Draht so durch die obersten 3 schwarzen Perlen am Kopf, dass auf beiden Seiten je 9 cm Draht herausschauen. Anschließend fädelst du an jeder Seite je 9 schwarze auf. Fixiere die Perlen, indem du das Drahtende durch die Perlen zurückführst und dabei jeweils 1 Perle überspringst. Schneide die Drahtenden ab.

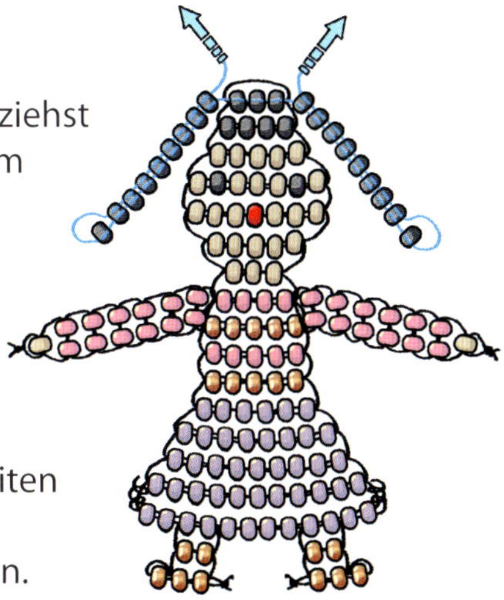

6 Dann arbeitest du die Krone. Ziehe dazu einen 20 cm langen Draht durch die obersten 3 schwarzen Haarperlen. Fädele 5 goldene Perlen auf das linke Drahtende und führe das rechte Drahtende von rechts nach links durch diese Perlen. Fädle auf das linke Drahtende 1 Perle und führe das Drahtende durch die darauffolgende 2. Perle der darunter liegenden Reihe. Nun ziehe 1 weitere Perle auf und führe das Drahtende durch die 4. Perle der unteren Reihe. Anschließend die letzte Perle der Krone aufnehmen und die Drahtenden miteinander verdrehen und abschneiden.

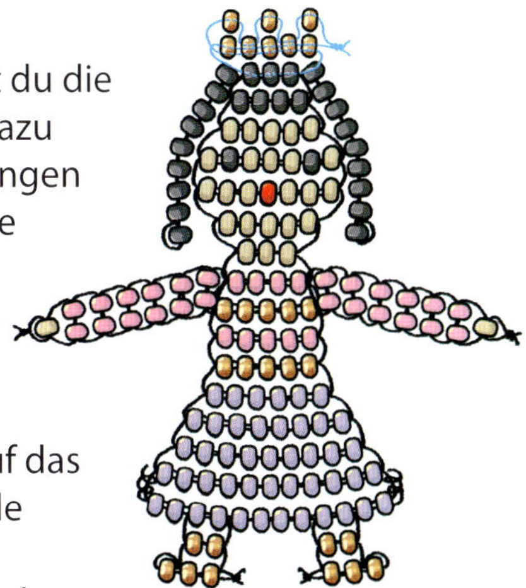

FRECHE

Antennenmännchen

1 Beginne mit dem Körper, indem du die Perlen nach Vorlage auf einen 1,20 m langen Draht aufziehst. Wickle die Drahtenden an beiden Seiten mehrmals um die letzten, seitlichen Drahtschlaufen des Körpers und schneide sie ab.

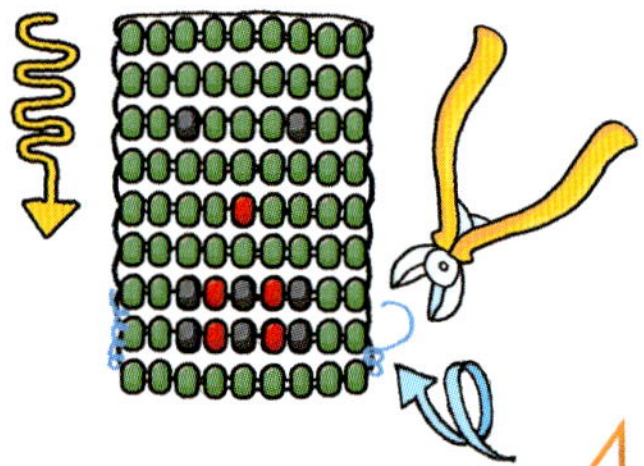

2 Für die Arme ziehst du an beiden Seiten je einen 20 cm langen Draht zwischen der 3. und 5. Reihe des Körpers ein. Für die Beine führst du je einen 20 cm langen Draht durch die äußeren 3 Perlen der untersten Körperreihe.

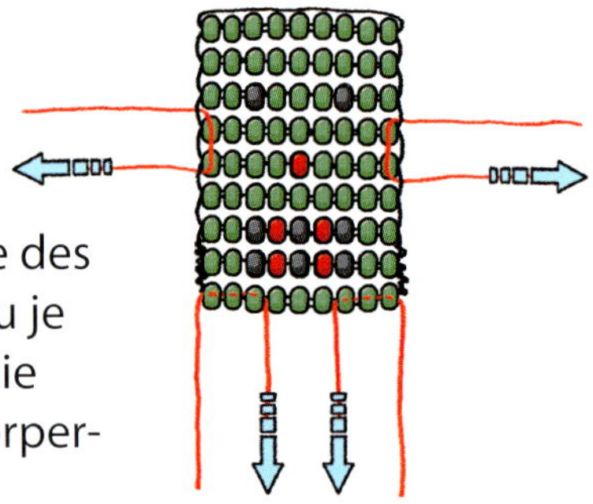

3 Fädele die Arme und Beine nach der Vorlage. Die Drahtenden verdrehen und abschneiden.

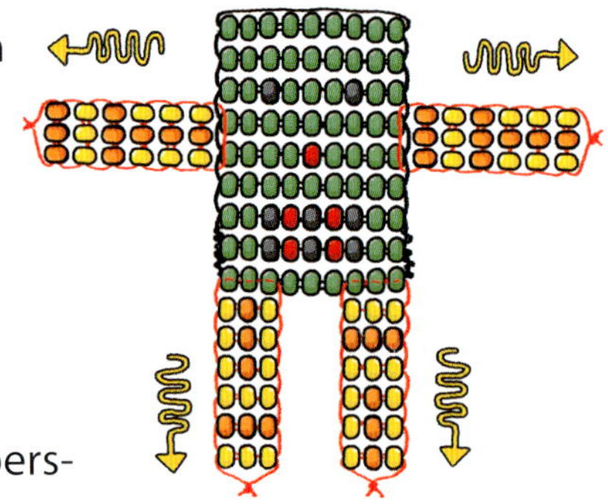

4 Für die Antennen je einen 15 cm langen Draht durch die 1., 4., und 9. Perle der obersten Reihe fädeln. Jeweils 20 Perlen auf ein Drahtende fädeln. Das Drahtende durch die Perlen zurückführen und dabei die 1. Perle überspringen. Die jeweiligen Drahtenden miteinander verdrehen und abschneiden.

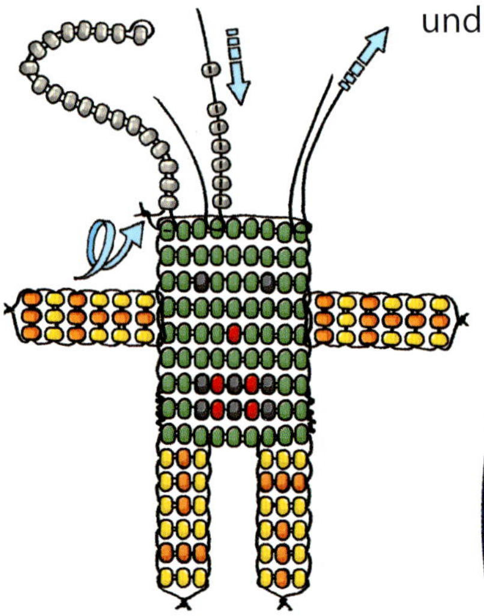

- **Rocailles in Orange opak, Gelb opak, Rot opak, Schwarz opak und Grün opak, ø 2 mm**
- **Rocailles in Silber, ø 2,2 mm**
- **Spezial-Perlenfädeldraht, ø 0,3 mm**

Monster

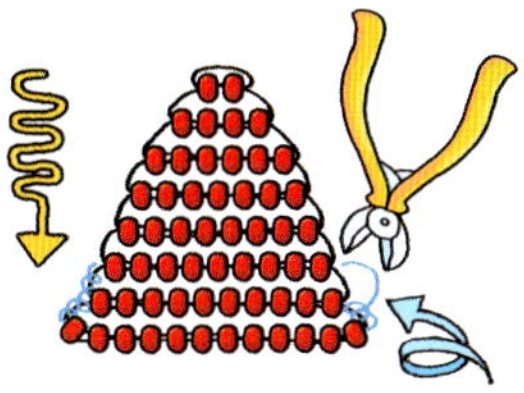

1 In der Mitte eines 50 cm langen Drahtes fixierst du 2 rote Perlen. Nach der Zählvorlage den Körper auffädeln. Die Drahtenden ziehst du seitlich am Körper einige Male durch die Drahtschlaufen, die beim Aufziehen am Körper entstanden sind, und schneidest die überstehenden Drahtenden ab.

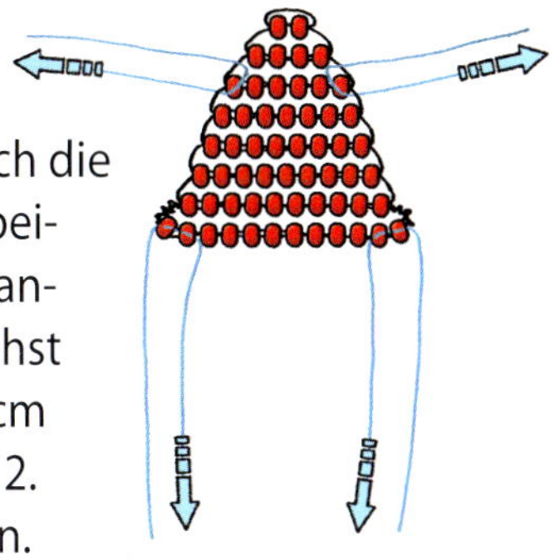

2 Für die Beine führst du in der letzten Perlenreihe durch die beiden äußeren Perlen an beiden Seiten je einen 20 cm langen Draht. Für die Arme ziehst du an jeder Seite einen 20 cm langen Draht zwischen der 2. und 3. Reihe des Körpers ein.

3 Die Perlen für die Arme und Beine nach Vorlage fädeln. Die letzten 6 Perlen nach der Holzperle jeweils nur auf ein Drahtende ziehen. Das Drahtende dann an der letzten Perle vorbei durch 5 Perlen bis zur Holzperle zurückführen, die Drahtenden dort verdrehen und abschneiden.

4 Für die Hörner ziehst du 2 je 15 cm lange Drähte durch die Drahtschlaufe der 2 roten Perlen am Anfang des Körpers. Die Perlen nach Vorlage auffädeln. Die Drahtenden verdrehen und abschneiden.

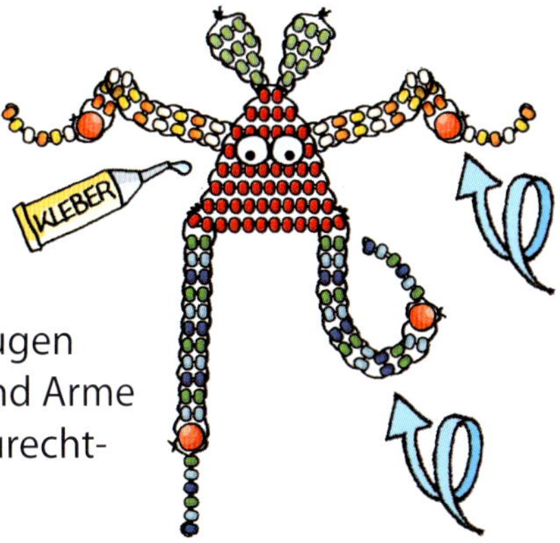

5 Zum Schluss die Wackelaugen aufkleben und Arme und Beine zurechtbiegen.

- **Rocailles in Grün opak, Rot opak, Gelb opak, Orange opak, Weiß opak, Dunkelgrün opak, Dunkelblau opak, Türkis opak, ø 2,2 mm**
- **2 Holzperlen in Rot, ø 6 mm**
- **2 Holzperlen in Orange, ø 6 mm**
- **2 Wackelaugen, ø 5 mm**
- **Spezial-Perlenfädeldraht, ø 0,3 mm**

Schildkröte Oskar

1 Fixiere in der Mitte eines 1 m langen Drahtes die Großlochradl-Perle. Nun ziehst du die Perlen der Vorlage nach auf. Am Ende verdrehst du die Drähte und schneidest sie ab.

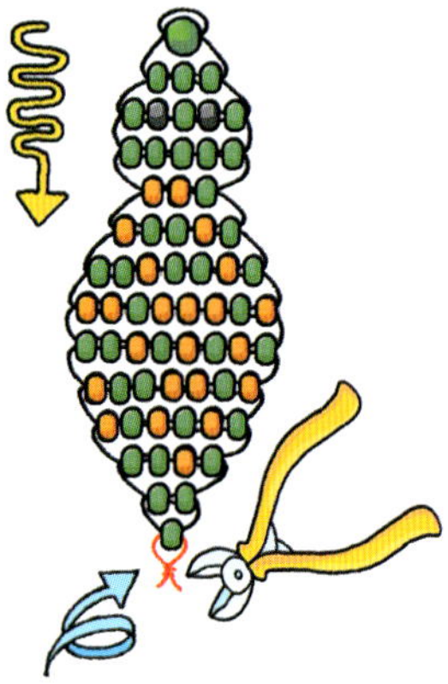

2 Für die Beinchen ziehst du auf beiden Seiten des Körpers je 20 cm Draht zwischen der 6. und 8. Reihe und der 10. und 11. Reihe ein.

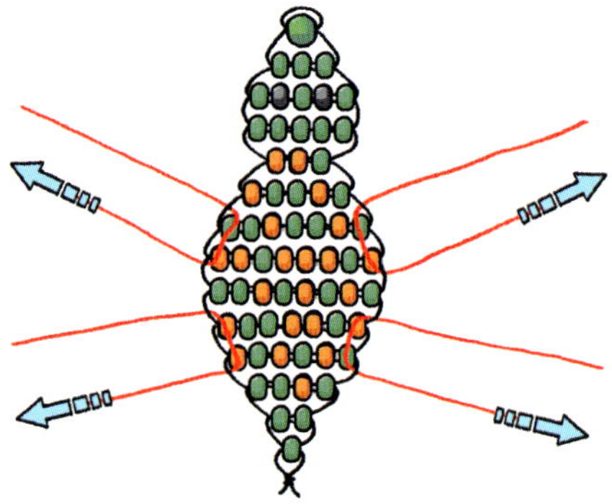

3 Anschließend ziehst du die Perlen der Vorlage nach auf. Zum Schluss die Drähte miteinander verdrehen und abschneiden.

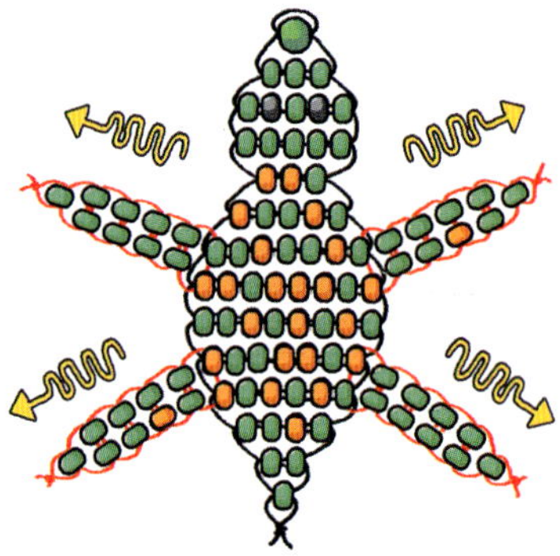

- Indianerperlen in Grün, Orange und Braun, ø 4,5 mm
- Glas-Großlochradl in Grün, ø 6 mm
- Spezial-Perlenfädeldraht, ø 0,3 mm

FIGUREN

Schmetterling Susi

1 Ziehe zunächst den Körper und die Fühler des Schmetterlings auf. Dazu fixierst du eine braune Perle in der Mitte eines 30 cm langen Drahtes. Nun folgen 8 Reihen mit je 2 Perlen.
Nun ziehst du auf das linke und das rechte Drahtende je 5 braune Perlen auf. Die Drahtenden führst du jeweils durch 4 Perlen zurück, wobei du eine Perle überspringst. Die Drahtenden verdrehen und abschneiden.

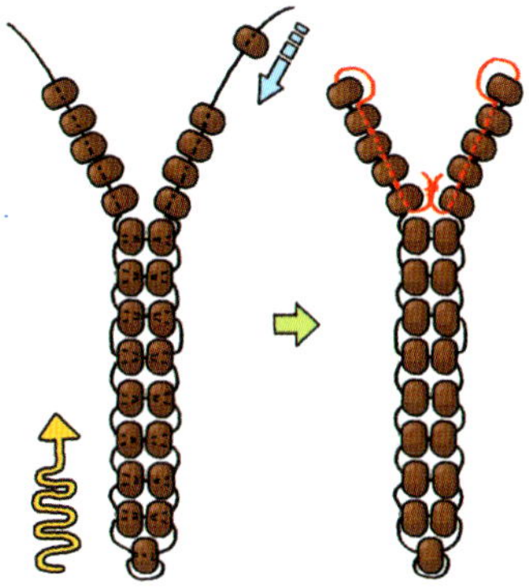

2 Jetzt ziehst du auf beiden Seiten des Körpers, zwischen der 4. und 5. und der 6. und 7. Reihe je 20 cm Draht ein.

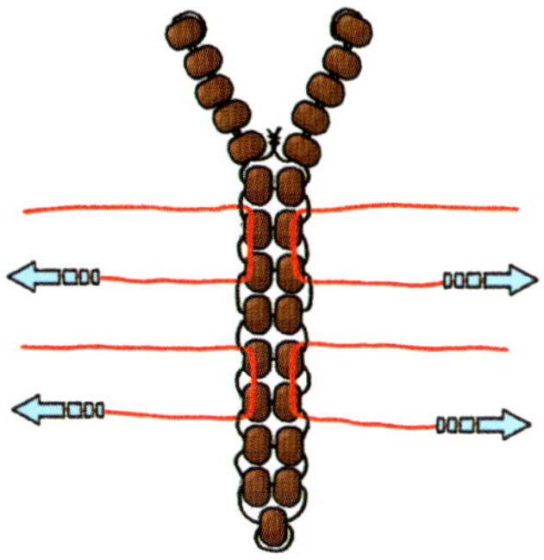

3 Nun fädelst du gemäß der Vorlage die Flügel. Zum Schluss ein Drahtende durch 6 Perlen zurückführen und dabei 1 Perle überspringen. Die Drahtenden verdrehen und abschneiden.

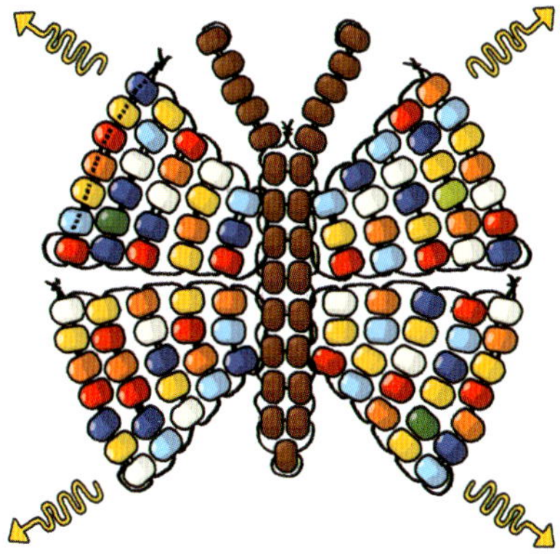

- **Rocailles, in Braun opak und Bunt gemischt opak, ø 2,6 mm**
- **Spezial-Perlenfädeldraht, ø 0,3 mm**

NACHT-

Emma Eule

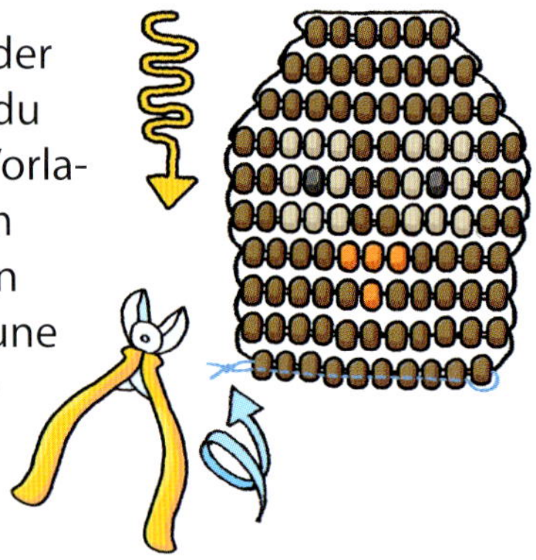

1 Den Körper der Eule fädelst du gemäß der Vorlage mit einem 90 cm langen Draht. 6 braune Perlen in die Mitte des Drahtes führen und dort fixieren. Dazu die linke Drahthälfte erneut von rechts nach links durch die Perlen ziehen. Am Ende des Körpers ein Drahtende durch die untere Perlenreihe zurückführen und dabei 1 Perle überspringen. Die Drahtenden verdrehen und abschneiden.

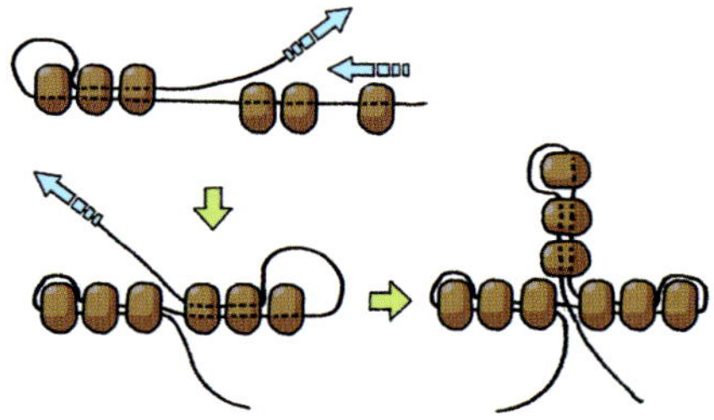

2 Für den 1. Fuß fädelst du 3 braune Perlen auf das linke Ende eines 20 cm langen Drahtes. Führe 5 cm des linken Drahtendes von links nach rechts durch 2 Perlen zurück und überspringe dabei die 1. Perle. Auf das rechte Drahtende 3 weitere Perlen fädeln und heranschieben. Eine Perle überspringen und das rechte Drahtende durch 2 Perlen von rechts nach links zurückführen. 3 weitere braune Perlen aufnehmen und das Drahtende an der 1. Perle vorbei durch 2 Perlen zurückführen.

3 Befestige den Fuß am Körper, indem du das linke Drahtende durch die unterste, seitliche Drahtschlaufe ziehst und mit dem rechten Drahtende verdrehst. Überstehende Drahtenden abschneiden und den 2. Fuß genauso fertigen.

- **Rocailles in Hellbraun opak, Beige opak, Schwarz opak und Gelb opak, ø 2,6 mm**
- **Rocailles in Braun transparent, ø 2,5 mm**
- **Spezial-Perlenfädeldraht, ø 0,3 mm**

GESTALT

4 Für die Flügel seitlich zwischen der 4. und 6. Reihe einen 50 cm langen Draht einziehen. Die Perlen der Vorlage nach fädeln und sichern.

5 Für den Kopfschmuck einen 30 cm langen Draht so durch die 1. Perlenreihe ziehen, dass das linke Drahtende 20 cm herausschaut. Fädele 3 Perlen auf das linke Drahtende, überspringe 1 Perle und führe das Drahtende durch 2 Perlen zurück. Das Drahtende durch die 2. und 3. Perle der 1. Reihe ziehen und 3 weitere Perlen aufnehmen. Den Draht durch 2 Perlen zurückführen und dabei die 1. Perle überspringen. Nun ziehst du den Draht durch die 4. und 5. Perle der 1. Reihe. 3 weitere Perlen auf diesen Draht aufnehmen und wie zuvor beschrieben verarbeiten. Das Drahtende durch die 6. Perle zur rechten Seite führen und beide Drahtenden verdrehen und abschneiden.

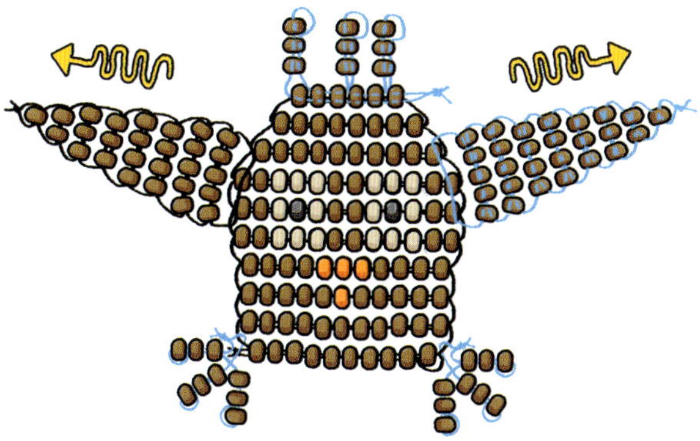

6 Für den Ast fädelst du 1 Perle in die Mitte eines 30 cm langen Drahtes. Fädele auf beide Drähte 28 Perlen. Ziehe die Drähte auseinander, sodass die Drähte einzeln sind. Fädle auf jeden Draht 7 Perlen. Den Draht sichern, indem du die Drahtenden durch 6 Perlen zurückfädelst und dabei die 1. Perle überspringst. Die Drahtenden verdrehen und abschneiden.

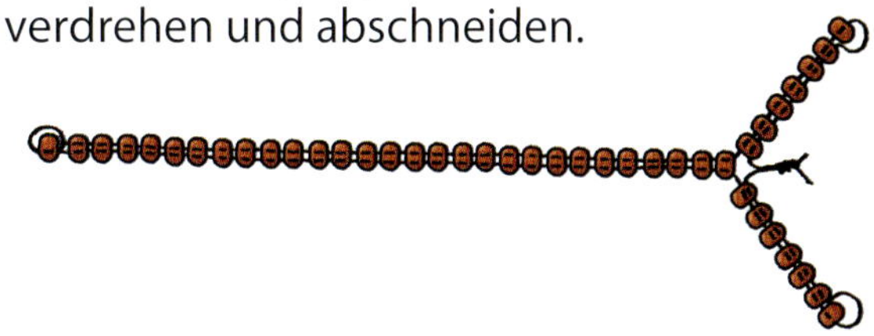

7 Den Ast, auf dem die Eule sitzt, bindest du mit einem Stück Perlonfaden an.

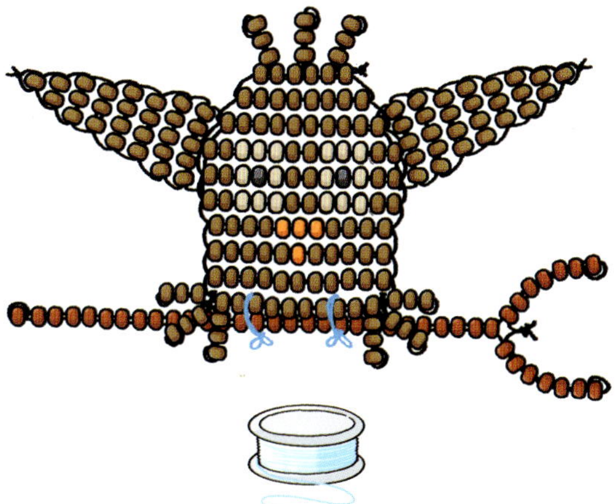

KATZ UND

Katze

1 Gemäß der Vorlage fädelst du den Katzenkörper mit einem 1,20 m langen Draht. auf. Beginne am Kopf der Katze, indem du 3 weiße Perlen in die Mitte des Drahtes ziehst und die rechte Drahthälfte erneut von links nach rechts durch die Perlen ziehst. Den Kopf, Körper und Schwanz der Katze nach Vorlage fädeln. Die Drahtenden verdrehen und abschneiden.

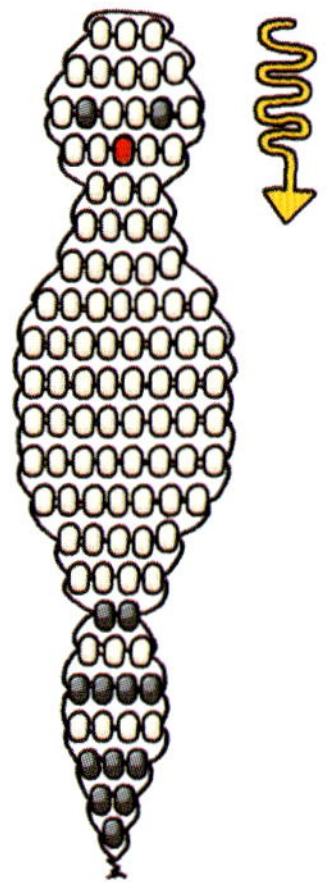

2 Für die Beine ziehst du an beiden Seiten des Körpers zwischen der 7. und 9. Reihe und zwischen der 11. und 13. Reihe je einen 20 cm langen Draht ein. Für die Ohren jeweils einen 15 cm langen Draht durch 2 Perlen der 1. Reihe des Kopfes fädeln.

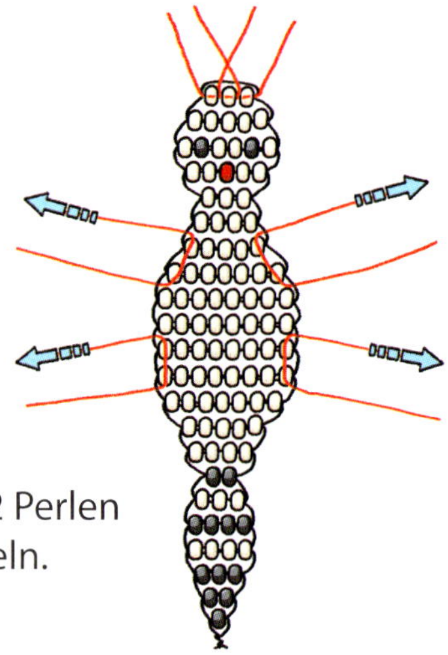

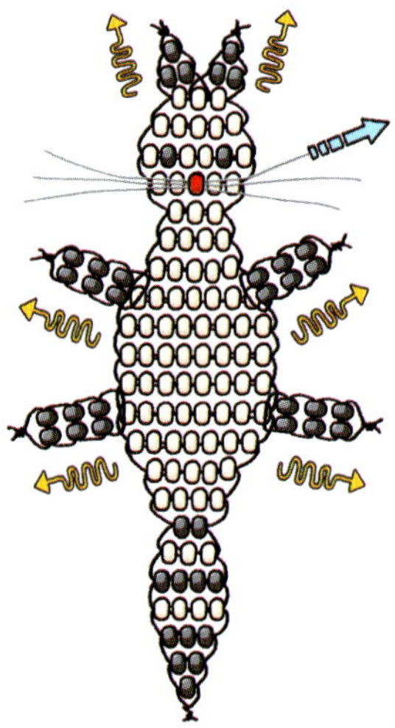

3 Ziehe die Beine und Ohren der Vorlage nach auf. Die Drahtenden verdrehst du miteinander und schneidest sie ab.

4 Für die Schnurrhaare ziehst du 3 mal 5 cm lange Drahtstücke durch die rote Nasenperle und schneidest sie dir nach der gewünschten Länge zurecht.

- Rocailles in Weiß opak, Schwarz opak und Rot opak, ø 2,6 mm
- Spezial-Perlenfädeldraht, ø 0,3 mm

Maus und Käse

1 Für den Käse nimmst du einen 20 cm langen Draht. Fädele 1 gelbe Perle in die Drahtmitte und fixiere sie dort, indem du die rechte Drahthälfte erneut von der linken zur rechten Seite durch die Perle ziehst. Das Käsestück weiter nach der Vorlage auffädeln. Den rechten Draht durch die zuletzt aufgezogene Reihe führen und dabei 1 Perle überspringen. Die Drahtenden verdrehen und abschneiden.

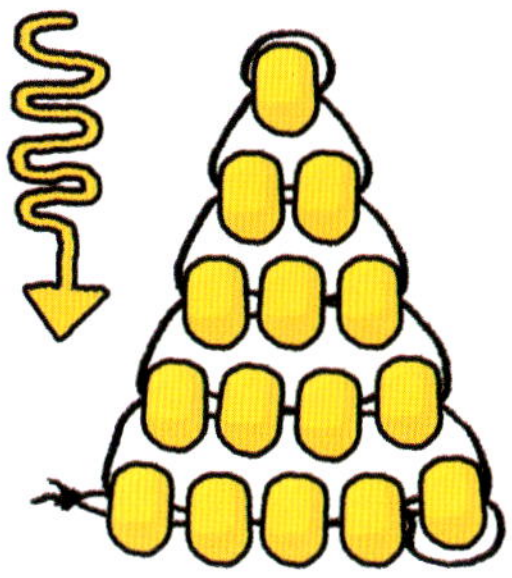

2 Für die Mäuse nimmst du einen 50 cm langen Draht. Fädele 1 schwarze Holzperle in die Drahtmitte und fixiere sie dort, indem du die rechte Drahthälfte erneut von der linken zur rechten Seite durch die Perle ziehst. Die Maus weiter nach Vorlage auffädeln. Die Drahtenden nicht abschneiden. Damit fädelst du den Schwanz. Dazu über beide Drähte 6 anthrazitfarbene Perlen ziehen. Nun das rechte Drahtende durch 5 Perlen zurückziehen und dabei die 1. Perle überspringen. Die Drahtenden verdrehen und abschneiden.

3 Für die Ohren ziehst du in der 4. Reihe einen 10 cm langen Draht durch die beiden äußeren Perlen. Fädele einmal 2 und einmal 1 Perle auf. Sichere die Drahtenden.

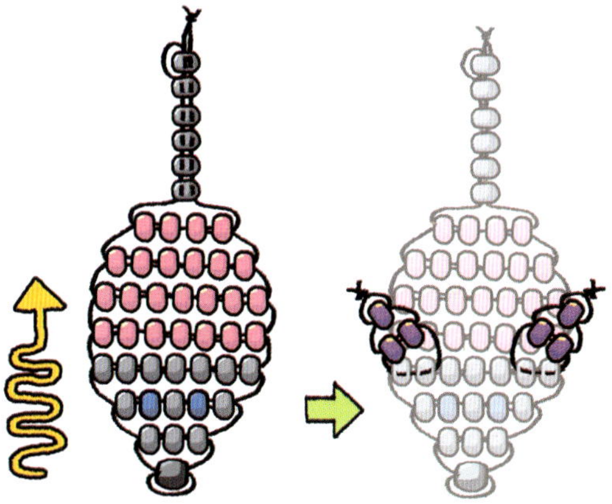

- **Rocailles in Gelb opak, Anthrazit opak, Grau opak, Lila opak und Rosa opak, ø 2,6 mm**
- **2 Holzperlen in Schwarz, ø 4 mm**
- **Spezial-Perlenfädeldraht, ø 0,3 mm**

FRÜH

... kommt die Hex!

1 Beginne mit dem Hut und ziehe auf einen 1 m langen Draht eine schwarze Perle auf. Fixiere die Perle in der Mitte des Drahtes, indem du den rechten Draht von der linken Seite zur rechten Seite durch die Perle ziehst. Nun Kopf und Kleid gemäß der Vorlage fädeln. Hast du die letzte Reihe aufgezogen, die Drähte auf der linken und rechten Seite der Hexe ein paar Mal durch die Drahtschlaufen ziehen und abschneiden.

2 Ziehe für die Arme je einen 30 cm langen Draht an beiden Seiten der Hexe zwischen der 12. und 14. Reihe ein.

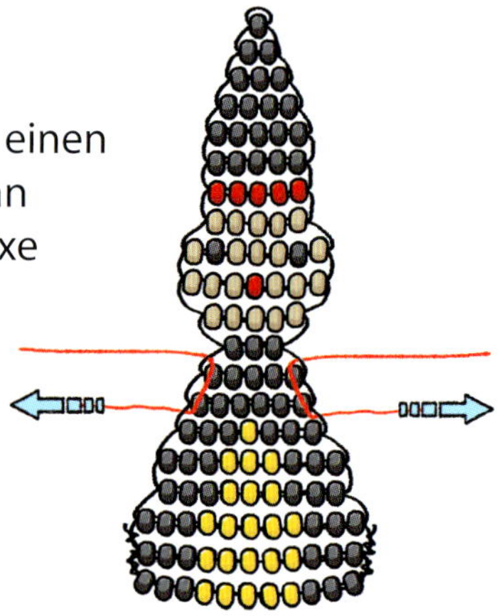

3 Fädle die Arme gemäß der Vorlage. Verdrehe die Drahtenden und schneide sie ab.

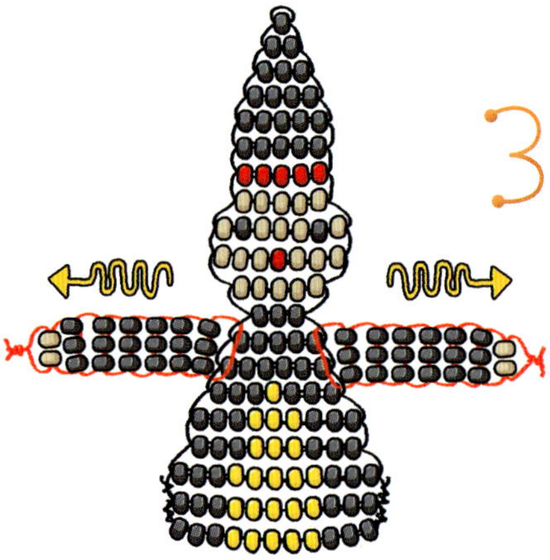

4 Für die Hexenfüße ziehst du in der letzten Reihe je einen 20 cm langen Draht durch die 2. bis 4. und die 8. bis 10. Perle. Fädele die orangefarbenen Perlen nach Vorlage auf. Wickle die Drahtenden danach mehrfach um die Drahtschlingen an den Rändern der Füße und schneide sie ab.

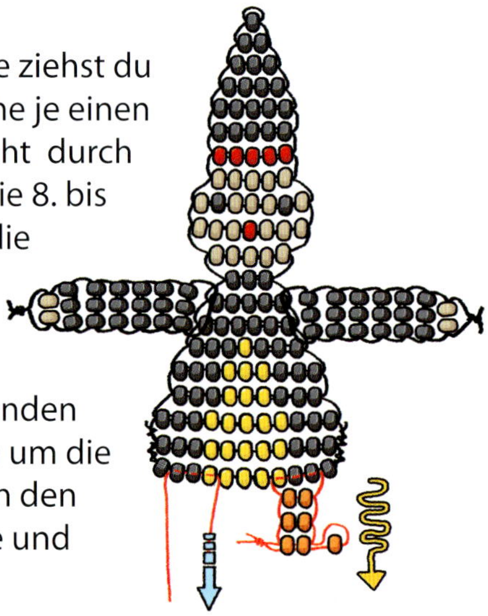

- **Rocailles in Rot opak, Schwarz opak, Beige opak, Gelb opak, Orange opak und Kastanie opak, ø 2,2 mm**
- **Rocailles in Weiß gelüstert, ø 2,2 mm**
- **Kastanie opak, ø 2,2 mm**
- **Holzperle in Beige, ø 4 mm**
- **Spezial-Perlenfädeldraht, ø 0,3 mm**
- **Perlonfaden , ø 0,3 mm**

UM SECHS …

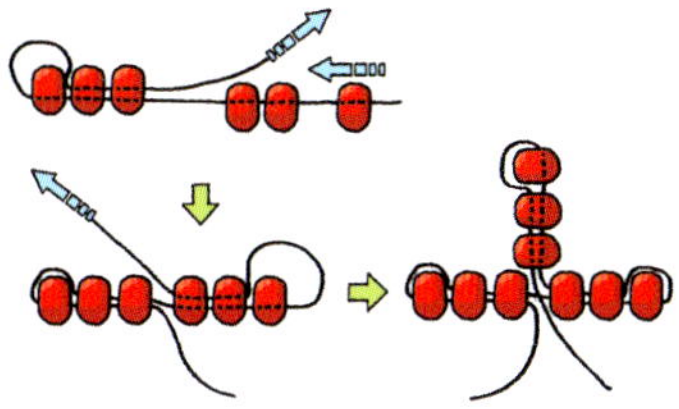

5 Die Haare separat fertigen. Fädele dazu 3 rote Perlen auf das linke Ende eines 15 cm langen Drahtes. Führe das linke Drahtende von links nach rechts durch 2 Perlen zurück und überspringe dabei die 1. Perle. Auf das rechte Drahtende 3 weitere rote Perlen fädeln und heranschieben. 1 Perle überspringen und das rechte Drahtende durch 2 Perlen von rechts nach links zurückführen. Nochmals 3 rote Perlen auf das rechte Drahtende ziehen und dieses wieder durch 2 Perlen zurückziehen. Das rechte Drahtende durch die seitliche Schleife an der roten Perlenreihe des Kopfes ziehen. Die Drahtenden verdrehen und abschneiden. In gleicher Weise das 2. Haarpaar fertigen.

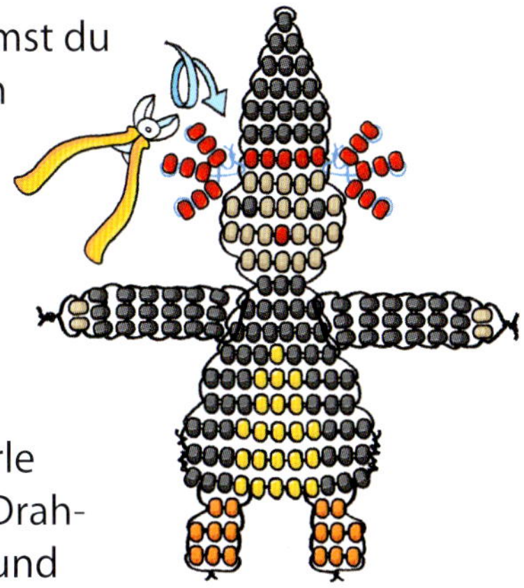

6 Für den Besen nimmst du einen 40 cm langen Draht. Fädele den Besen gemäß der Vorlage. Das rechte Drahtende durch die letzte Reihe zurückführen und dabei 1 Perle überspringen. Die Drahtenden verdrehen und abschneiden.

7 Mit einem Stück Perlonfaden nähst du den Besen am Hexenarm fest.

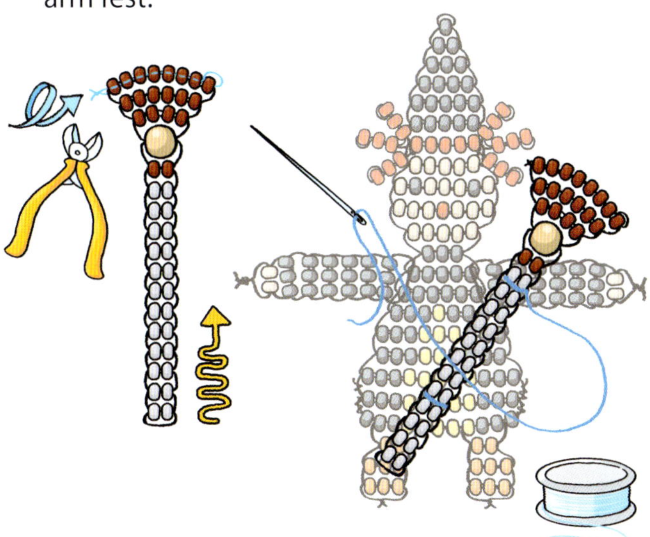

ABRA-

Zauberer

1 Ziehe die goldene Perle auf einen 1 m langen Draht auf und fixiere sie in der Mitte des Drahtes, indem du die rechte Drahthälfte von links nach rechts erneut durch die Perle ziehst. Fädele nach der Vorlage Hut, Kopf und Körper des Zauberers. In der letzten Reihe ziehst du die Drahtenden einige Male durch die seitlichen Drahtschlaufen, die beim Aufziehen des Körpers entstanden sind und schneidest sie anschließend ab.

2 Für die Arme ziehst du seitlich am Körper zwischen der 13. und 15. Reihe je einen 30 cm langen Draht ein.

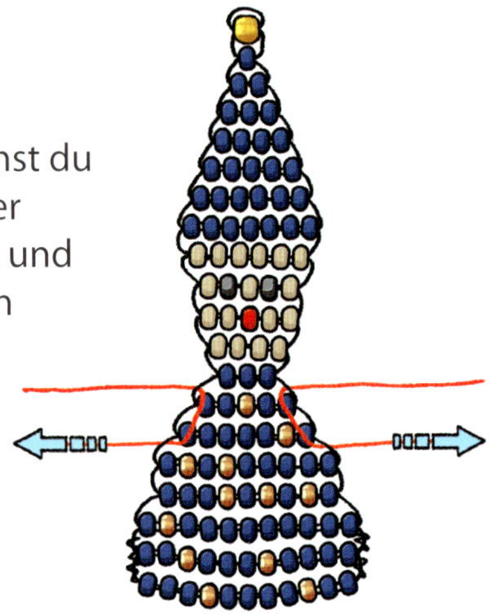

3 Ziehe die Arme der Vorlage nach auf, verdrehe die Drahtenden und schneide sie ab.

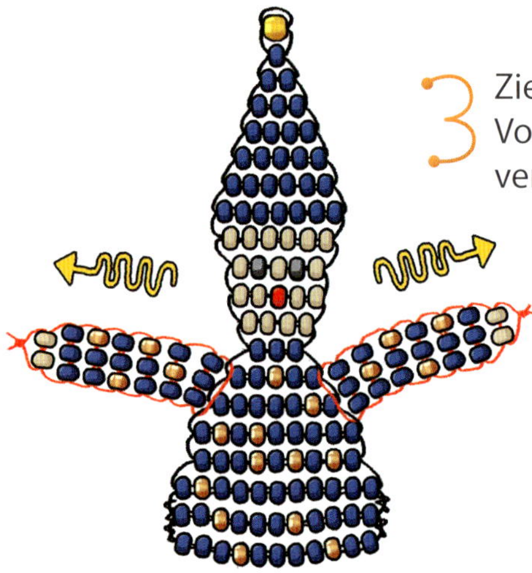

- Rocailles in Blau opak, Schwarz opak, Rot opak und Beige opak, ø 2,6 mm
- Rocailles in Gold metallic und Silber metallic, ø 2,6 mm
- goldene Perle, ø 4 mm
- Spezial-Perlenfädeldraht, ø 0,3 mm

4 Für die Beine in der letzten Reihe je einen 20 cm langen Draht durch die 2. und 3. Perle und die 9. und 10. Perle fädeln. Anschließend ziehst du die Perlen auf, verdrehst die Drahtenden und schneidest sie ab.

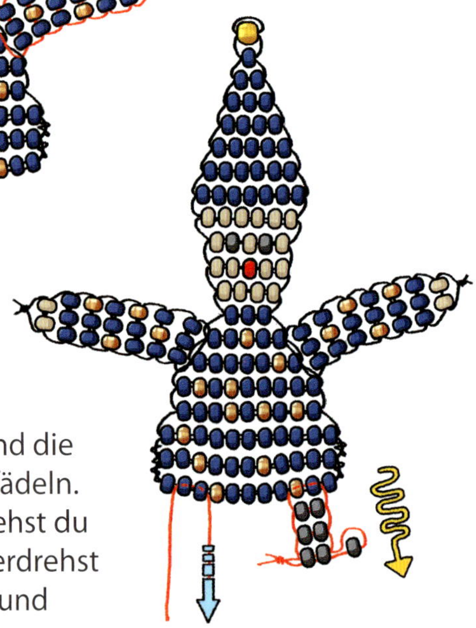

KADABRA

5 Für die grauen Haare ziehe je einen 20 cm langen Draht durch die seitlichen Drahtschlaufen in der 6. Reihe vom Hut. Fädele auf jedes Drahtende je 3 silberne Perlen, überspringe 1 Perle und führe den Draht jeweils durch 2 Perlen zurück. Anschließend die Drahtenden verdrehen und abschneiden.

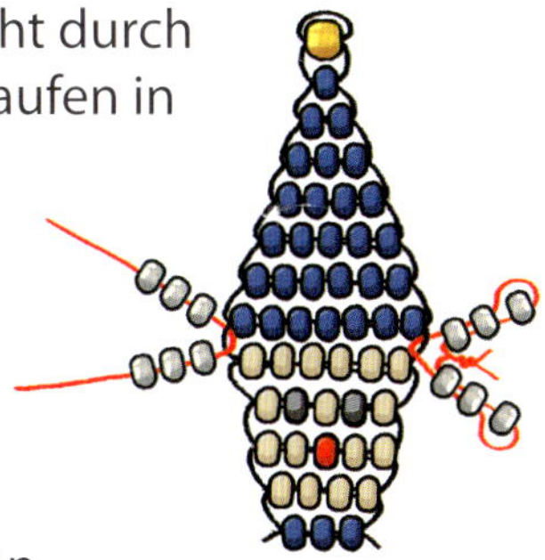

6 Für den Zauberstab fädelst du 2 goldene Perlen in die Mitte eines 15 cm langen Drahtes und fixierst sie dort, indem du die rechte Drahthälfte erneut von der linken Seite zur rechten Seite durch die Perlen ziehst. Die Perlen nach Vorlage aufziehen. Zum Schluss die Drahtenden verdrehen und abschneiden. Den Zauberstab nähst du mit einem Perlonfaden an.

Bunte Dekoideen

Windlicht

1 Wasche dein Glas mit Spülmittel gut aus, damit es fettfrei ist. Trockne es gut ab.
Nun bringst du das Tacky Tape in gleichmäßigen Abständen an. Achte darauf, dass du nur eine der beiden Folien des Klebebands abziehst.

2 Anschließend ziehe von einem Tacky-Tape-Streifen die Folie ab und streue die Perlen darüber. Drücke die Perlen vorsichtig an.

3 Dann die Folie vom nächsten Streifen Tacky Tape abziehen und wieder Perlen darüber streuen. Dies wiederholst du bis alle Streifen mit Perlen bestreut sind. Jetzt kannst du ein Teelicht hineinstellen.

- → **Rocailles in Rosa opak, ø 2,2 mm**
- → **Rocailles in Pink mit Silbereinzug, ø 2,6 mm**
- → **Rocailles in Helllila porzellan, ø 2,2 mm**
- → **Glas, ø 7 cm, 7,5 cm hoch**
- → **Tacky Tape**

IN ROSA

Mobile

1 Fixiere eine Acrylperle in Blumenform in der Mitte eines 30 cm langen Perlonfadens. Nimm beide Perlonfadenenden zusammen und ziehe über beide Fäden Perlen auf. Wähle Farben, Formen und Muster ganz wie es dir gefällt. Ziehe dann auf 6 weitere, unterschiedlich lange Perlonfäden schöne Perlen auf.

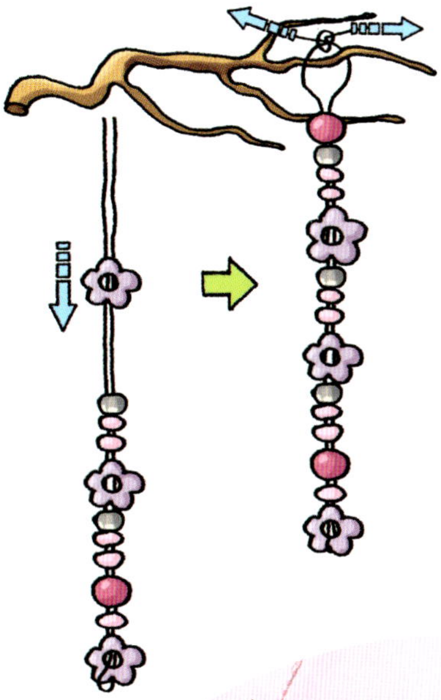

2 Befestige die so entstandenen Perlenketten nun an einem Ast aus der Natur. Du kannst dein Mobile ins Fenster oder aber auch an die Wand oder die Decke hängen.

- Rocailles in Weiß opak, ø 2,6 mm
- Rocailles in Rosa opak, ø 2,2 mm
- 3 Holzperlen in Lila, ø 1,5 cm
- 2 Holzperlen in Rosa, ø 1,5 cm
- 21 Holzperlen in Lila, ø 4 mm
- 19 Indianerperlen in Weiß, ø 4,5 mm
- 7 Glasschmuckperlen in Lila, ø 1 cm
- 4 Glasschmuckperlen in Lila, ø 1,5 cm
- 25 Silberperlen, ø 4 mm
- 8 Acrylperlen in Blumenform in Lila, ø 2 cm
- Acrylperle in Blumenform in Lila, ø 3,5 cm
- Perlonfaden, ø 0,3 mm
- kleiner Ast aus der Natur, ca. 20 cm lang

Spieglein, Spieglein …

1 Bestücke die äußeren 4 Reihen der quadratischen Steckplatte nach Belieben mit pastellfarbenen Bügelperlen.

2 Nun legst du Back- oder Butterbrotpapier auf die Arbeit und bügelst mit dem Bügeleisen gleichmäßig über die Perlen. Wähle am Bügeleisen dafür die niedrigste Temperatur aus. Durch das Papier kannst du gut erkennen, wenn die Perlen anfangen zu schmelzen.

3 Damit deine Perlenarbeit nicht wellig wird, drehst du die Platte um und lässt sie abkühlen.

4 Anschließend klebst du die Bügelperlenarbeit vorsichtig auf den Spiegel und einen Bildaufhänger hinter den Spiegel.

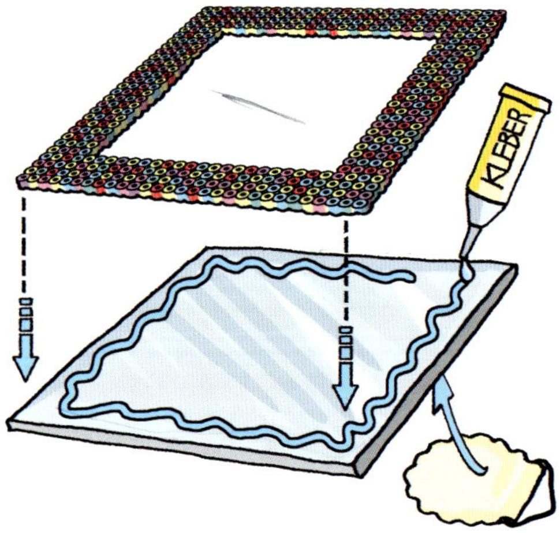

- Bügelperlen in Lila pastell, Pink pastel, Hellgrün pastell, Gelb pastell, Hellblau pastell und Orange pastell
- Steckplatte für Bügelperlen, 14 cm x 14 cm
- Spiegelplatte 15 cm x 15 cm
- Bildaufhänger
- Back- oder Butterbrotpapier
- Bügeleisen
- UHU Kraft transparent

RAHMEN

Bilderrahmen

1 Zuerst steckst du das Muster aus Bügelperlen nach der Vorlage auf die Stiftplatte. Wähle die Farben ganz nach deinen Vorlieben aus.

2 Nun kannst du das Back- oder Butterbrotpapier auf deine Perlenarbeit legen und gleichmäßig darüber bügeln. Wähle die niedrigste Temperatur am Bügeleisen. Durch das Papier kannst du gut sehen, wenn die Perlen anfangen zu verschmelzen.

3 Wende dann die Platte, damit der Bilderrahmen nicht wellig wird. Dann lässt du deine Arbeit auskühlen.

4 Jetzt kannst du ein schönes Foto oder ein kleines Bild, das du gemalt hast, hinter den Rahmen kleben. Klebe auf die Bildrückseite noch einen Bildaufhänger, damit du deinen Rahmen an die Wand hängen kannst.

- **Bügelperlen in Gelb, Mint, Lila und Orange**
- **Steckplatte für Bügelperlen, 7 cm x 7 cm**
- **Bildaufhänger**
- **Back- oder Butterbrotpapier**
- **Bügeleisen**
- **UHU Kraft transparent**

Notizhalter Blümchen

1 Für die Blume brauchst du eine runde Steckplatte. Lege in die Mitte der Platte eine weiße Bügelperle. Nun folgen um die weiße Perle herum hellblaue Perlen, danach dunkelblaue und zum Schluss immer abwechselnd hellgrüne und mittelgrüne Bügelperlen. Ein Stift des äußeren Blütenkreises lässt du leer. Hier steckst du eine dunkelgrüne Perle ein. Nun den Stiel und die Blätter nach Vorlage in Dunkelgrün stecken.

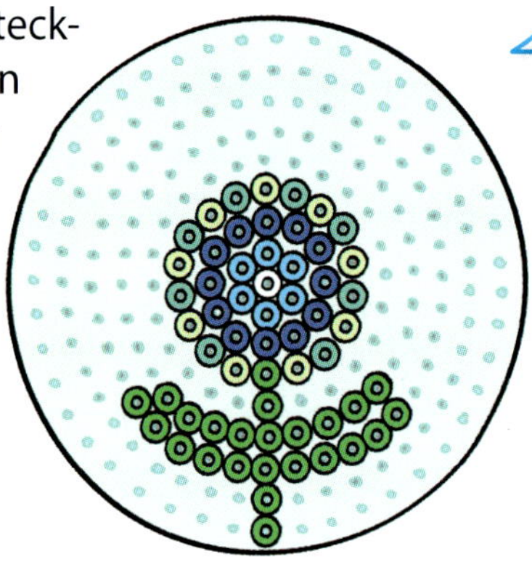

2 Dann legst du Back- oder Butterbrotpapier auf deine Perlenarbeit und bügelst gleichmäßig darüber. Wähle am Bügeleisen die niedrigste Temperatur.

3 Wende die Platte, damit deine Blume nicht wellig wird, und lasse sie auskühlen.

4 Zum Schluss klebst du die kleine Holzwäscheklammer auf die Rückseite des Blümchens.

- **Bügelperlen in Hellgrün, Dunkelgrün, Blau, Hellblau, Weiß und Mittelgrün**
- **Steckplatte in Rund, ø 8 cm**
- **Mini-Holzwäscheklammer, 3 cm lang**
- **Back- oder Butterbrotpapier**
- **Bügeleisen**
- **UHU Kraft transparent**

VERGESSEN!

Sternchen

1. Bestücke die Sternplatte mit den gelben Bügelperlen.

2. Lege über die Perlen Back- oder Butterbrotpapier und bügele auf niedrigster Stufe gleichmäßig über den Stern. Durch das Papier siehst du die Perlen schmelzen.

3. Anschließend drehst du die Steckplatte um, sodass deine Perlenarbeit unten liegt und die Perlen auskühlen können.

4. Zum Schluss klebst du auf der Rückseite des Sterns die Holzwäscheklammer an.

Herzchen

1. Zuerst bestückst du nach Belieben die ganze Herzplatte mit den Bügelperlen.

2. Danach legst du Back- oder Butterbrotpapier auf deine Arbeit und bügelst gleichmäßig bei niedrigster Temperatur über dein Herz. Du kannst durch dein Papier gut erkennen, wenn die Perlen anfangen zu schmelzen.

3. Nun wendest du die Platte und lässt sie auskühlen. So wird deine Bügelperlenarbeit nicht wellig. Zum Schluss klebst du die Mini-Wäscheklammer auf die Rückseite.

Sternchen

- **Bügelperlen in Gelb**
- **Steckplatte in Sternform, 10 cm x 10 cm**
- **Mini-Holzwäscheklammer, 3 cm lang**
- **Back- oder Butterbrotpapier**
- **Bügeleisen**
- **UHU Kraft transparent**

Herzchen

- **Bügelperlen in Rosa, Lila, Pink, Dunkelrot und Helllila**
- **Steckplatte in Herzform, 8 cm x 8 cm**
- **Mini-Holzwäscheklammer, 3 cm lang**
- **Back- oder Butterbrotpapier**
- **Bügeleisen**
- **UHU Kraft transparent**

GESCHENK-

Blume

1 Ziehe 10 rosafarbene Perlen auf einen 50 cm langen Draht auf und schiebe die Perlen in die Drahtmitte. Führe das rechte Drahtende rechts nach links durch die 1. Perle. Nun ziehe gleichmäßig an beiden Drahtenden. Es entsteht ein Kreis.

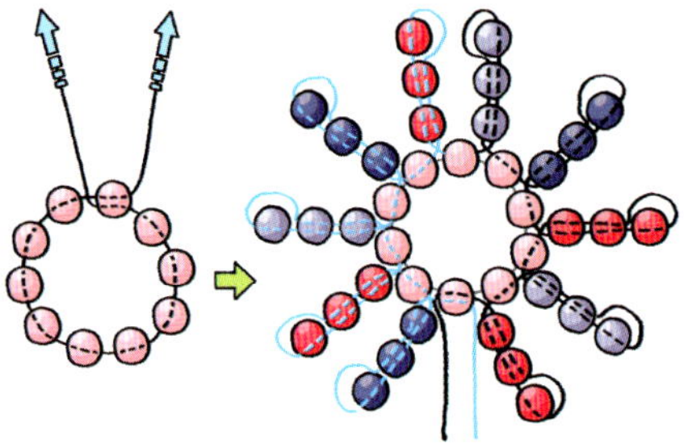

2 Für das 1. Blütenblatt auf das rechte Drahtende 3 Perlen aufziehen, die zuletzt aufgezogene Perle überspringen und das Drahtende durch 2 Perlen zurückführen. Das Drahtende durch die nächste rosafarbene Perle ziehen und für das 2. Blütenblatt wieder 3 Perlen aufnehmen. Mit dem rechten Drahtende wiederholst du den Arbeitsschritt noch 3-mal. Nun hast du 5 Blütenblätter. Das Drahtende nicht abschneiden. Mit dem linken Drahtende fertigst du nochmals 5 Blütenblätter auf die gleiche Weise. Beide Drahtenden schauen nun aus dem Kreis heraus.

3 Über beide Drahtenden 14 grüne Perlen ziehen. Die Drahtenden voneinander trennen und auf das linke Drahtende 4 Perlen und auf das rechte Drahtende 7 Perlen ziehen. Die Drahtenden durch die Perlen zurückziehen und dabei jeweils die 1. Perle überspringen.

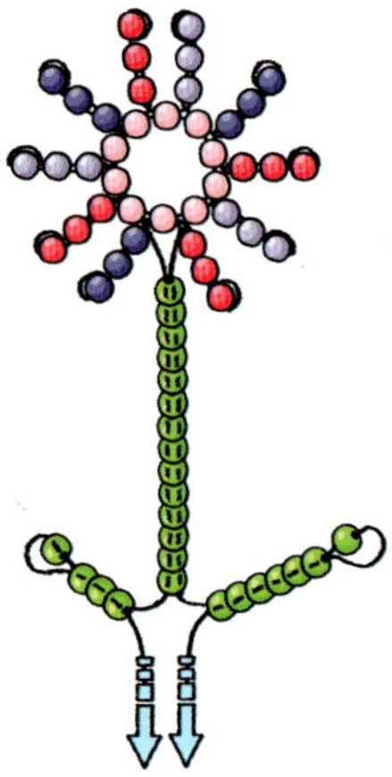

4 Dann die Drahtenden verdrehen und abschneiden. Knote ein hübsches Satin- oder Geschenkband an die Blüte.

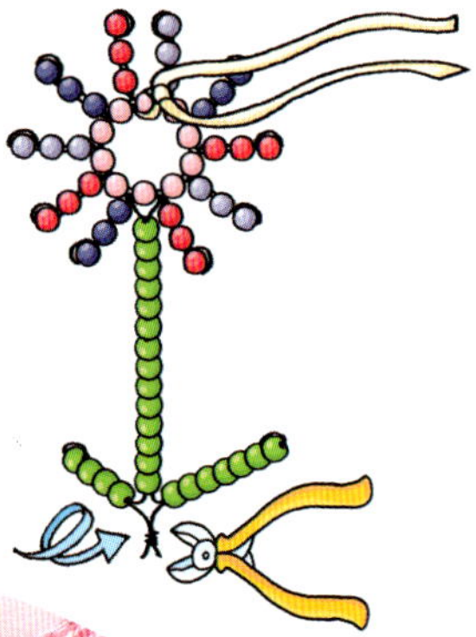

- **Holzperlen in Pink, Rosa, Lila, Helllila und Hellgrün, ø 4 mm**
- **Spezial-Perlenfädeldraht, ø 0,3 mm**
- **Satin- oder Geschenkband**

ANHÄNGER

Herz

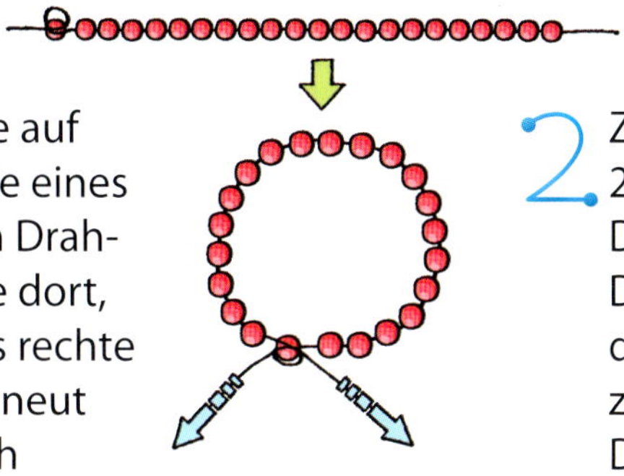

1 Fädele 1 Perle auf das linke Ende eines 20 cm langen Drahtes. Fixiere sie dort, indem du das rechte Drahtende erneut von links nach rechts durch die Perle zurückführst.

2 Ziehe weitere 21 Perlen auf. Das rechte Drahtende durch die fixierte Perle ziehen und die Drahtenden verdrehen und abschneiden. So entsteht ein Kreis.

3 Biege den Perlenkreis zu einem Herz. Dann kannst du es mit einem schönen Geschenkband schmücken.

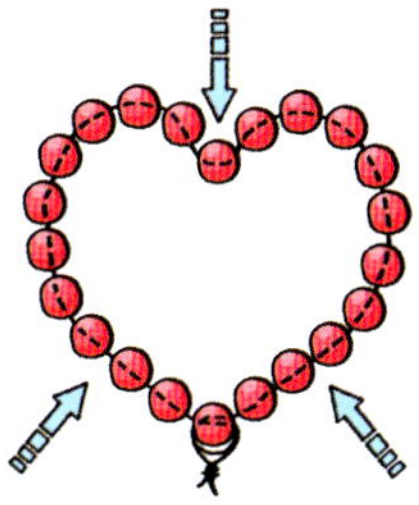

Sonne

1 Mit einem 50 cm langen Draht fädelst du die die Sonne genauso wie die Blüte des Blumen-Geschenkanhängers. Der Kreis der Sonne besteht allerdings nur aus 8 und die Sonnenstrahlen aus je 4 Holzperlen.

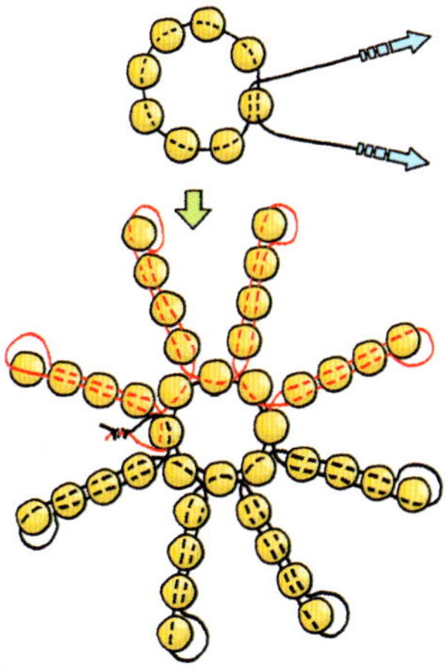

Herz

- **Holzperlen in Rot, ø 4 mm**
- **Spezial-Perlenfädeldraht, ø 0,3 mm**
- **Satin- oder Geschenkband**

Sonne

- **Holzperlen in Gelb, ø 4 mm**
- **Spezial-Perlenfädeldraht, ø 0,3 mm**
- **Satin- oder Geschenkband**

SOMMER-

Windlicht

1 Zuerst steckst du das Muster nach der Vorlage auf die Stiftplatte. Wähle die Farben ganz nach deinen Vorlieben aus.

4x

2 Nun kannst du das Back- oder Butterbrotpapier auf deine Perlenarbeit legen und gleichmäßig darüber bügeln. Wähle die niedrigste Temperatur am Bügeleisen. Durch das Papier kannst du gut sehen, wenn die Perlen anfangen zu verschmelzen.

3 Wende dann die Platte, damit der Bilderrahmen nicht wellig wird und lass deine Arbeit auskühlen. Fertige in gleicher Weise noch 3 weitere Perlenarbeiten an.

4 Nun klebst du die Teile mit einem durchsichtigen Klebstoff auf dein Windlicht.

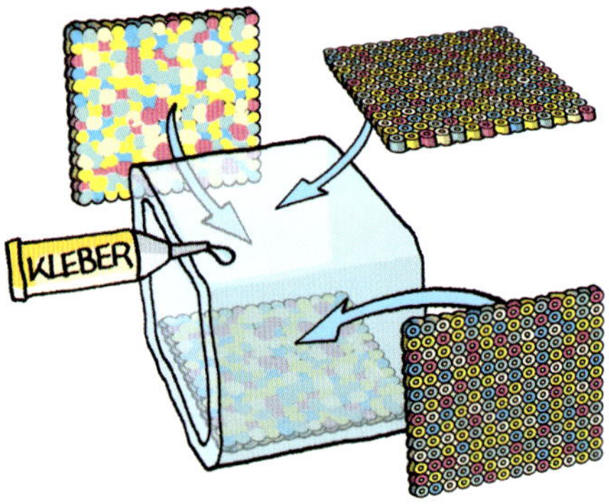

5 Jetzt kannst du eine Lichterkette (mit ca. 10 Birnchen) in dein Windlicht legen oder ein Teelicht hineinstellen.

- **Bügelperlen in Bunt gemischt transparent**
- **Steckplatte, 7 cm x 7 cm**
- **Glaswindlicht, 7 cm x 7 cm**
- **Back- oder Butterbrotpapier**
- **Bügeleisen**
- **UHU Kraft transparent**
- **Lichterkette oder Teelicht**

Glasschutz

1 Zuerst steckst du das Muster nach der Vorlage auf eine runde Steckplatte. Lasse den Stift in der Mitte für den Strohhalm frei.

2 Anschließend legst du Back- oder Butterbrotpapier auf deine Perlenarbeit und bügelst bei niedrigster Temperatur gleichmäßig darüber. Wende die Arbeit und lasse sie auskühlen.

3 In die Mitte steckst du einen Strohhalm. So sind deine Getränke perfekt vor Wespen und Co. geschützt!

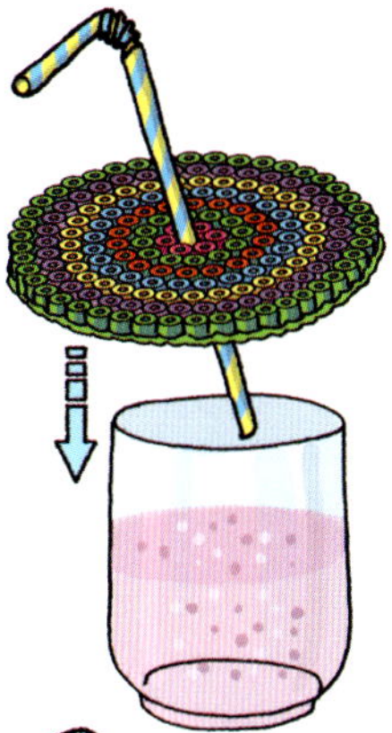

4 Für den Untersetzer füllst du das Strohhalmloch mit einer Bügelperle aus.

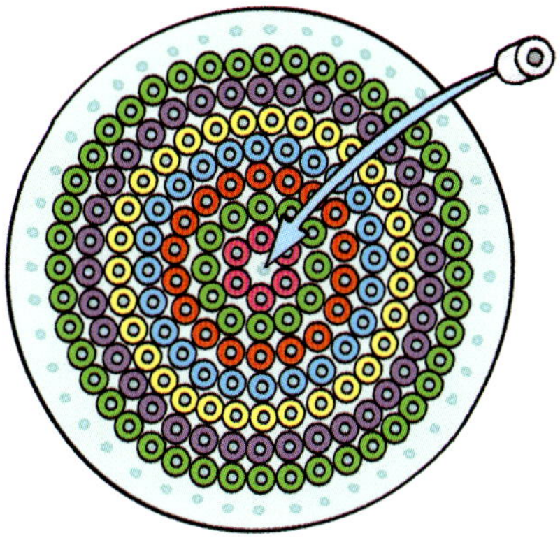

- Bügelperlen in Bunt gemischt pastell
- Steckplatte in Rund, ø 8 cm
- Back- oder Butterbrotpapier
- Bügeleisen
- Strohhalm

KLEINER SCHNICK-

Grüne Schlange

1 Fädele 6 rote Holzperlen auf das rechte Ende eines 1 m langen Drahtes. Fixiere die Perlen, indem du das rechte 10 cm lange Drahtende durch 5 Perlen zurückführst und dabei die 1. Perle überspringst. Schneide das Drahtende, das du durch die Holzperlen zurückgeführt hast, in Höhe der 6. Holzperle ab.

- Holzperle in Dunkelgrün, ø 14 mm
- 3 Holzperlen in Dunkelgrün, ø 10 mm
- 10 Holzperlen in Dunkelgrün, ø 8 mm
- 14 Holzperlen in Dunkelgrün, ø 6 mm
- 12 Holzperlen in Dunkelgrün, ø 4 mm
- 5 Holzperlen in Mittelgrün, ø 4 mm
- 19 Holzperlen in Hellgrün, ø 4 mm
- 5 Holzperlen in Apfelgrün, ø 4 mm
- 6 Holzperlen in Rot, ø 4 mm
- 2 Wackelaugen, ø 5 mm
- Spezial-Perlenfädeldraht, ø 0,3 mm
- UHU Kraft transparent

2 Ziehe nun die grünen Holzperlen der Größe nach auf. Beginne dabei mit den dicksten Perlen.

3 Die letzte Holzperle fixierst du, indem du das Drahtende durch 5 Perlen zurückziehst und dabei 1 Perle überspringst. Schneide das Drahtende ab.

4 Zum Schluss klebst du die Wackelaugen auf die größte Holzperle und biegst den Draht mit den Perlen hin und her. Schon schlängelt die Schlange am Boden entlang.

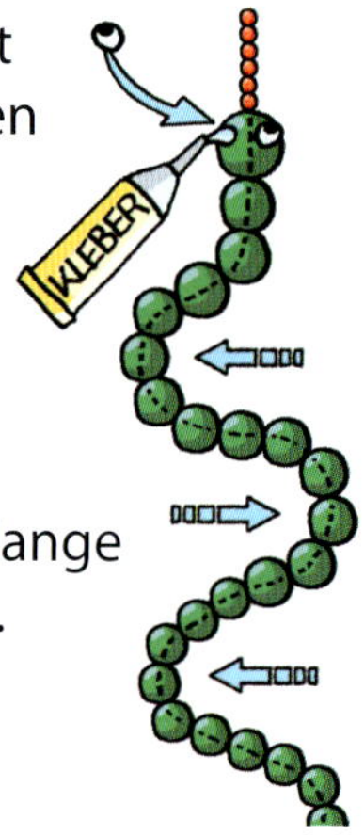

SCHNACK

Blumentöpfchen

1 Bemale das Blumentöpfchen mit Acrylfarbe und lasse es gut trocknen. Fülle dann den Steckschaum hinein und klebe Moos darauf. Nun den Marienkäfer aus Holz aufkleben.

2 Führe für die Blume 8 gelbe Perlen in die Mitte eines 50 cm langen Drahtes. Fädele das rechte Drahtende von rechts nach links durch die 1. Perle und ziehe dann gleichmäßig an beiden Drahtenden. Es entsteht ein Kreis.

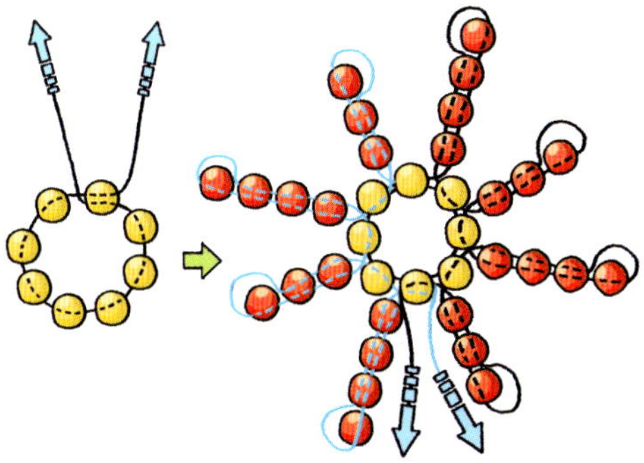

3 Für das 1. Blütenblatt 3 rote Perlen auf das rechte Drahtende ziehen. Den Draht durch die Perlen zurückführen. Führe den Draht dann durch die nächste gelbe Perle im Kreis. Es folgen das 2. Blütenblatt mit 4, das 3. mit 3 und das 4. wieder mit 4 roten Perlen. Mit dem linken Drahtende ebenso 4 Blütenblätter fädeln. Dann schauen beide Drahtenden aus dem Kreis heraus.

4 Über beide Drahtenden gemeinsam ziehst du 8 hellgrüne Perlen für den Blumenstengel. Danach die Drahtenden trennen und jeweils 9 grüne Perlen darauf fädeln. Die Drahtenden ziehst du erneut durch die letzte Perle am Stiel. Stecke nun die Blume in die Steckmasse im Blumentöpfchen.

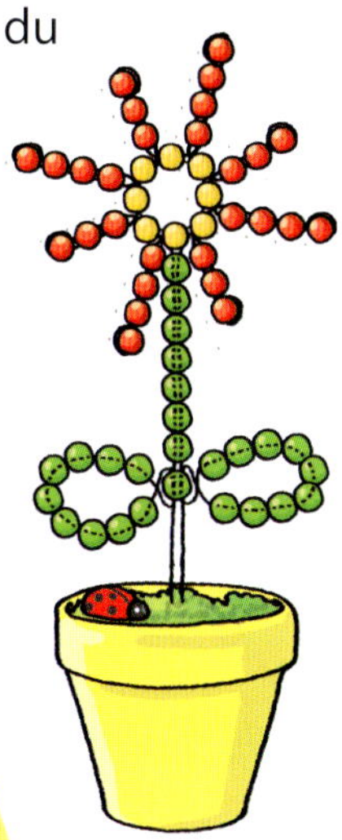

- Holzperlen in Hellgrün, Rot und Gelb, ø 4 mm
- Spezial-Perlenfädeldraht, ø 0,3 mm
- Marienkäfer aus Holz, ø 1 cm
- Tontöpfchen, ø 3 cm, 3 cm hoch
- Steckschaum, 3 cm x 3 cm
- Moos
- Acrylfarbe in Gelb
- Pinsel
- UHU Kraft transparent

SCHATZ-

Schmuckkästchen

1 Zuerst beklebst du den Deckel mit dem Tacky Tape. Achte darauf, dass du nur eine der beiden Folien abziehst.

2 Danach den Deckel auf die Schachtel legen und den unteren Teil der Schachtel mit dem Tacky Tape bekleben.

3 Löse die 2. Folie vom Klebeband am Deckel ab und wälze ihn in einem Perlenmeer.

4 Dann löst du die Folie von der Schachtel und wälzt auch die Schachtel in bunten Perlen – fertig ist dein Schmuckkästchen. Wenn du magst, kannst du noch eine schöne Schleife um den Deckel binden.

- Perlenreste in allen möglichen Formen, Größen und Farben, ø 0,2 mm – ø 4 mm
- Schmuckschachtel in Rund, ø 8 cm , 4 cm hoch
- Tacky Tape

KISTCHEN

Herzkästchen

1 Halte die Schachtel geschlossen und bringe das Tacky Tape zuerst am unteren Teil der Schachtel an. So bleibt der Rand für den Herzdeckel perlenfrei und die Schachtel lässt sich gut schließen. Ziehe ein Stück Folie ab und klebe das Band rund um die Herzdose an. Sollte etwas Band am Bodenrand überstehen, so schneide es ab.

2 Nun folgt der gesamte Herzdeckel. Zuerst den Außenrand bekleben und dann den Deckel. Das überstehende Tacky Tape schneidest du ab.

3 Anschließend ziehst du die Folie vom Deckelrand ab und legst im immer gleichen Abstand 6 Blumenperlen auf.

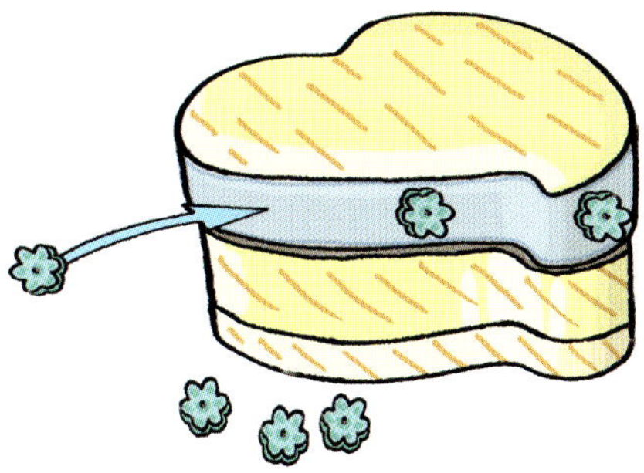

4 Nun vermische die Perlen in Rot opak und transparent und Grün. Löse die Folie vom Klebeband am Deckel und streue die Perlen auf.

5 Dann wird die obere Folie vom Tacky Tape an der Schachtel gelöst und mit transparenten roten und grünen Perlen bestreut. Die letzte Folie lösen und mit rosa Perlen bestreuen.

- **Rocailles in Pink und Rot opak, ø 2,2 mm**
- **Rocailles in Rot transparent, ø 2,2 mm**
- **Glasperlen in Grün metallic, ø 2,5 mm**
- **6 Blumen-Glasperlen in Grün metallic**
- **Schmuckschachtel in Herzform**
- **Tacky Tape**

Impressum

Bei Fragen zu einzelnen Materialien oder Techniken wenden Sie sich bitte an unseren Kreativservice, Frau Erika Noll.
mail@kreativ-service.info
Telefon 0 50 52 / 91 18 58

Das Produktmanagement erreichen Sie unter:
frechverlag
Produktmanagement
Turbinenstraße 7, 70499 Stuttgart
Telefon 07 11 / 8 30 86 68
pm@frechverlag.de

Dieses Buch entstand in Kooperation mit der RAYHER HOBBY GmbH, Fockestraße 15, 88471 Laupheim. Weitere Kreativideen für Jung und Alt finden Sie unter www.rayher-hobby.de.

Modelle: Sabine Koch
Schrittillustrationen: Atelier Schwab
Dekoillustrationen: Christine Bietz
Fotos: frechverlag GmbH, 70499 Stuttgart, lichtpunkt, Michael Ruder, Stuttgart
Produktmanagement und Lektorat: Angela Vornefeld
Fachlektorat: Lydia Klös
Layout Umschlag / Inhalt: Sigrid Hecker
Umsetzung Layout Umschlag / Inhalt: Heike Köhl

1. Auflage 2012

ISBN: 978-3-7724-5756-2 • Best.-Nr. 5756

Printed in China